折れない心をつくる自己暗示力

京都産業大学名誉教授
沢井淳弘
ATSUHIRO SAWAI

水王舎

はじめに

ことばには驚くべき暗示の力があります。多くの人がすでに気づいているこ
とです。ことに自分よりも権威のある人のことばには、人の意識を決定的に支
配する力があることを実感したことのある人は多いはずです。

たとえば、お医者さん。

「あなたは、ガンになっているかもしれない」

町中《まちなか》の小さな医院のお医者さんにでも、そう言われたら、あなたは動揺しま
せんか。逆に、お医者さんに

「あなたは生まれつき健康に恵まれた人です」

と言われたらどうでしょう？　あなたはとたんに、自分の健康に自信をもっ
てしまうでしょう。

学校の先生から言われることばも、学生には強い暗示力があります。とくに
偉い先生でなくても、

「あなたには英語の才能があります。勉強すれば、かならず英語が上手になるよ」

と言われると、大いに励みになりますね。反対に、

「君はいくら勉強しても、英語はできるようにならないね」

と言われたら、やる気はなくなってしまうものです。すこしでも権威のある立場にいる人のことばには、強い暗示力があるためです。

ことばの暗示力は、決定的にある人の人生を支配してしまうことさえあります。なぜなら、ことばには、ものを考える基盤となる、意識のなかの観念の要素を決定づける力があるからです。そしてまた、科学するにもことば、哲学するにもことば、ことばが重要なツールとなります。もし、ことばというものがなければ、私たちは科学も哲学もできません。

なにかを想像するときも、ことばを使えば容易にできます。イメージ・トレーニングで、たとえば陸上の選手が気持ちよく走っている自分をイメージする場合に、「私は気持ちよく走っている。その私の姿がはっきりと見える」と

いうことばを使うと、らくにイメージが浮かんできます。

このことばの強い暗示力を、多くの人はなぜ自己暗示に活用しないのでしょうか。おそらく、まわりにそのような人がいないからにすぎないのではないでしょうか。

幸い、私は若い頃、恩師、中村天風からことばの自己暗示について教えられました。天風の自己暗示の教えについては、くわしく後述します。

ことばを使って、自分の心を励ましてやろうではありませんか。ことばを自分にむかって発したその瞬間に、自分の心がそのことばどおりに変化していきます。たとえば、「私は元気だ！」と自分にむかって真剣に言ってみてください。たちまち元気が出てくるものです。そのことばに疑いをもたず、真剣さがなければだめですが。

・真剣さ

・くりかえし

この二つの条件が整うと、自己暗示の効果はより完全なものになります。そして権威のある人のことば以上の暗示力をもたらします。

もう一つ大切なことがあります。それは、自己暗示のことばは、かならずポジティブでなければならぬ、ということです。すぐれた哲学者、思想家、宗教家の考えたことは、すべて最終的にはポジティブで楽観的なものです。自己暗示のことばはすべて、自分の心を明朗快活にしてくれるものでなければなりません。

人類の生存そのものが、この大自然のなかで向上的であり創造的なものです。大自然は、ポジティブなものもネガティブなものも巻き込みながら、最後は、すべてはよくなるポジティブな方向にむかっているのです。人智を超えた複雑な天の摂理によって万物が流転しているのです。これは真理です。

その真理を、私たちの本心はよく知っています。なぜならネガティブな方向へむかうときに私たちは不快をおぼえますし、ポジティブな方向へ進むときに快感をおぼえます。私たちはときとしてネガティブな感情にとらえられますが、それは「悪魔がいたずらをしているのだ」と、ヨーガ哲学は教えています。

晩年のころの恩師、中村天風

【中村天風（なかむら・てんぷう）略歴】

１８７６年（明治9年）、東京に生まれる。

16歳で日清戦争に、26歳で日露戦争に従軍する。30歳のとき肺結核を患い、医師より「余命6か月」と宣告される。死を覚悟するも、人生について思い悩むようになった自分の弱い心に強さを取り戻したいと考え、宗教や哲学の書を読みあさるとともに国内の著名な宗教家や思想家を訪ね歩くも答えは得られなかった。そこで日本を離れ、アメリカのコロンビア大学で医学を、ヨーロッパの多くの国々で心理学や哲学、生命科学などを学んだが、やはり人生の疑問を解くことはできなかった。

しかし、失意のなか帰国するために乗ったマルセーユからベナン行きの貨物船でいくつかの偶然が重なり、エジプトのカイロでインドのヨーガ指導者カリアッパ師との奇跡的な出会いを果たす。そしてネパールの山奥で3年間に及ぶ修行の末、37歳のときついに悟りを開き、健康を取り戻すとともに、心を強くするための瞑想の方法を会得するに至る。

帰国後は実業界で活躍して成功するも、１９１９年（大正8年）43歳のとき、突然感ずるところがあり、志を立て、ヨーガに基づく健康法や幸せに生きるための実践的な天風哲学を人々に教えはじめる。以後50年間にわたり全国各地で教えを説きつづけ、各界の多くの著名人を弟子にもったが、その間宣伝は一切行わず、名誉も財産も求めなかった。

１９６８年（昭和43年）、92歳で永眠。没後、講話や講演を記録した本が数多く出版され、年を追うごとに中村天風の名は広く世に知られるようになっていった。

目次

第一章 唱詩とはどんなものか

第二章 自己暗示は信念を強くする

第三章 理想の追求と自己暗示

第四章 唱詩のつくり方（一）

第七章 高田明和博士の「言霊療法」

第八章　言霊について考える

第九章　自己暗示の唱詩［実例集］

序章

人生を変える自己暗示力

◎ミアーズ博士と高田明和博士

毎日、ひとつのことばを自分にむかって唱えてみてください。かならずそのことばどおりに自分が変わっていくのがわかります。

たとえば、これはあくまで仮定の話ですが、あなたがよくウソをつく人で、人には不親切、あまり陽気ではない人とします。そして、これではいけないという気持ちがあり、

「私は正直、親切、愉快だ!」

という暗示のことばを、毎日、朝と晩に一回ずつでいいですから、自分にむかって真剣に唱えてみたとします。一日に何回もくりかえし唱える必要はありません。毎日続けることが、大切なのです。大きな声を出す必要もありません。つぶやき程度の小声で十分です。

この暗示のことばを唱えつづけて、一週間もすると、いつのまにかウソがつけなくなり、人を見ると親切にしたくなり、なにやら愉快な気持ちになってく

る自分を発見するでしょう。まるで魔法のようですが、これはことばの力によるものです。

国際催眠学会の会長であった、オーストラリアのミアーズという精神科のお医者さんは、ことばの自己暗示力を応用して、緊張や不安、苦痛に悩む患者さんが自分で自分を救う方法を発明しました。そのミアーズ博士の「リラックス法」については、第六章でくわしく説明します。

また、高田明和というお医者さんがいます。高田博士は、若い頃ニューヨーク大学医学部の助教授だった方ですが、帰国してからうつ病にかかりました。それもたいへん深刻なうつ病で、その恐怖のどん底からはいあがるのに、自己暗示のことばを使いました。その貴重な体験は、彼の著書にくわしく赤裸々に書かれています。高田博士が発見されたことばの自己暗示の驚異については、第七章で紹介します。

◎プラス思考と自己暗示

実は、アメリカでは太平洋戦争の頃から、「プラス思考」を唱導した人々が、「ことばの暗示力」について、人々をおおいに啓蒙して効果をあげています。そして、二、三十年前から日本でも「プラス思考」は流行しています。ちなみに、英語ではポジティブ・シンキング。このポジティブ・シンキングと連動して、「アファメーション」というものが提案され、普及しています。

アファメーションというのは「断定的な自己暗示のことば」という意味です。「プラス思考」や「アファメーション」に関しても、多くの本が出ています。

アファメーションに関する本を一冊だけ紹介しましょう。ルイーズ・L・ヘイという人の書いた『I Can Do It』（『私はできる！――すべてをかなえる「おまじない」』二〇一〇年、サンマーク出版、住友進訳）という本があります。ヘイはアメリカ合衆国のベスト・セラー作家で、数多くの著書があり、なかには二十六の言語に翻訳されて三十五カ国で読まれているものもあります。ヘイはまた、ヨーガを勉強しています。『I Can Do It』には、こんなことが書かれています。ポイントをひろって箇条書きにしてみます。

＊人生をよい方向に変えていく秘訣は信念である。
＊私たちは、ことばと思考で信念をつくり、それが人生を決定づけている。
＊自分の気分がよくなるようなアファメーションを使うと、うまくいく。
＊私は毎朝起きたときに、まず自分の幸せに感謝するアファメーションを唱える。それは愛とか感謝、たのしい思い出などである。
＊一〇〇パーセント、ポジティブな考え方をもとうとするとむつかしい。およそ八〇パーセントくらいはポジティブに考えようと努力するとよい。
＊宇宙は聡《さと》い耳をもっている。そして私たちのことばをそのまま聞いている。そして、そのことばどおりに現実を変えていく。
＊「もう二度と病気になりたくない」というような表現はアファメーションとしてよくない。「私はいま、完全に健康だ！」というアファメーションがよい。

右のヘイの考え方は、私が本書で言わんとすることと一致するところが多いのですが、ただ一点、私がこの本で不満なのは、アファメーションの例文がすべて一文だけで成り立っている、ということです。

ヘイは、この本で、よいアファメーションの例文をたくさん提示していますが、すべてワン・センテンスです。「プラス思考」や「アファメーション」の本に示される自己暗示のことばは、たいていわずかワン・センテンスで成り立っていますが、私はすこし長めの唱詩というものをおすすめしたいと思っています。唱詩とは「朗唱するための詩」という意味です。

もちろん一文でも、それなりに自己暗示の威力があります。しかし、人の思考というものは、本来いくつかの文章から構成されるものです。ある程度の長さをもつ唱詩になると、その条件がみたされます。つまり、ひとつのステートメント、発想に加えて、その理由や根拠が示されると、いっそう説得力が増すということです。

◎効果的な唱詩の一例

たとえば、もっと自分をポジティブに生かしたいと思うならば、まず、「いつも積極的で肯定的な態度をくずさぬように努力しよう」という自己暗示のことばをつくります。この一文だけでも、よい暗示のことばになっていますが、たとえば、次のように理由をあたえます。

この世界ならびに人生には、いつも完全ということ以外に、不完全というもののないように宇宙真理ができている。否、この真理を正しく信念して努力するならば、かならずやなにごとといえども成就する。
だから、（中略）
かりにも消極的な、否定的な言動は夢にも口にするまい、またおこなうまい。
そして、いつも積極的で、肯定的の態度をくずさぬよう努力しよう。

（中村天風の誦句より。傍線――筆者）

右の一節において、だからが、二つの文をむすんで、考え方が論理的で説得力を増しています。これが唱詩をつくるときのキーポイントになります。短い暗示のことばも有効ですが、さらにそれらに加えて自分に合った唱詩をいくつか自家薬籠中《じかやくろうちゅう》のものにすることを、私はおすすめしたいのです。

唱詩の具体的なつくり方については、第四、五章でくわしく述べます。

◎中村天風先生との出会い

ここで私の個人的な体験をすこし話しておきましょう。

私は、学生時代に、恩師中村天風先生から自己暗示のことばを教えられ、ただそれらを暗誦したのですが、その頃、ことばの暗示力がそれほど驚異的なものであるという十分な認識をもっていませんでした。それが、六十歳ちかくになって、はっきりとことばのもっている驚くべき暗示力を実感することになりました。

私は大学一年のとき、思いがけない大病に苦しめられ、郷里の広島に帰り、廃人同様の生活を一年ほど過ごしたことがあります。そのときは、大学を退学しようか迷い、絶望的な気持ちになっていました。ノイローゼかうつ病になっていたのかもしれません。

それに加えて、私は人生問題について考え悩んでいました。まずは「人はなんのためにこの世に生まれてきたのか」という疑問にとりつかれました。そしてキリスト教や仏教の本を読み、ますますわからなくなりました。

さらに「なにがほんとうに善で、なにが悪なのか」などと考え、善悪の明確な基準をもたない常識をあなどり、そのくせ自分の善悪についての考え方も確立できず、虚無的になっていきました。物理学のいうごとく、人類もいつかはこの世から姿を消すものであれば、いったい人類の活動になんの意味があるのか、などと考えてしまい、学業にもどる気持ちがなくなっていました。

そのとき、大阪に住んでいた伯母のすすめで、中村天風先生の講話を京都で聞く機会に恵まれました。そして、天風が、いま列挙したような人生の根本的な疑問を考え抜いた人であることを知ったのです。

また、天風は、ヨーガの瞑想や修行によって悟りを開いた人でもありました。天風が大阪で指導される、その夏の修行の会に参加しました。そして、先生から「自己暗示の誦句《しょうく》」を唱えることを教えられ、精神的に救われ、心身の健康を回復しました。

天風は自己暗示のための「誦句」というものを創作し、音声で受講者におぼえさせたものです。のちに財団法人天風会が誦句集を印刷、出版しましたが、表記法が旧式の日本語ですので、本書で天風の誦句を紹介するにあたっては、私自身が天風から直接教わってメモしたものを紹介することにします。その最初に出てくる誦句に、こんなものがあります。

力の誦句

私は力だ。
力の結晶だ。
なにものにも打ち克《か》つ力の結晶だ。
だから、なにものにも負けないのだ。
病にも運命にも、否、あらゆるすべてのものに打ち克つ力だ。
そうだ！　強い強い力の結晶だ！

（中村天風の誦句より）

人間は「なにものにも打ち克つ力の結晶だ」というような考え方をみなさんは信じられるでしょうか。「人間とは葦《あし》のように弱い、はかない存在だ」あるいは「この大宇宙から見たら、取るに足りない、ちっぽけな存在だ」というふうに考えてはいないでしょうか。「人間は、ほんとうは力の結晶だ」という天風の考えは、波乱万丈の人生体験とインド・ヨーガの修行からきています。

◎中村天風のヨーガ体験

中村天風は、一九〇六年、三十歳のとき肺結核を病み、当時細菌学の権威といわれた北里柴三郎の診断を受け、「残念ながら、あなたは余命六ヵ月くらいだね」と言われました。しかし、天風は「人はいかにすれば心を強くできるか」という問題の答えをもとめて、アメリカやヨーロッパに流浪の旅を重ねましたが、なかなか答えを得られず諦めて、死を覚悟して、マルセーユからアジアへいく貨物船に乗りこみました。

ところが、奇しくも、エジプトのカイロで、インド・ヨーガの聖者カリアッパ師に出会い、ネパールの山奥につれていかれ、ヨーガの修行をすること約三年、ヨーガの瞑想によって悟りをひらき、病を克服しました。一九一三年、天風三十七歳のときのことでした。

ネパールから帰国して六年後、天風は自分を悟りに導いてくれたヨーガの瞑想を教えはじめると同時に、病に苦しむ人々を病から立ち直らせるために、「自己暗示のことば」を教えます。

天風がヨーガの修行のなかで悟り得たことの一つが、「人間は、ほんとうは強いものだ」ということだったのです。なぜ人間は強いのでしょうか。

人間はその心の奥底にある無意識（潜在意識ともいう）のなかに無限の力をもっているからです。その力は大自然の絶対的な実在のもつエネルギーです。人間が宇宙の実在と合一するとき、その大自然の無限のエネルギーが心の底の無意識からわいて出るのです。それは二つの場合があります。一つは瞑想のときです。そしてもう一つが、大自然の心と通じるような、ポジティブな自己暗示のことばを唱えたときなのです。

大自然の心は絶対的にポジティブなものです。それとおなじ心を自分のなかに喚起することによって、人は大自然と結びつくのです。そのとき大自然のもつ無限の力が、人の心の底から泉のようにわいてくるのです。

これが天風の得た悟りの一つです。実際、天風は悟りを開くとともに、宇宙のもつ無限の力を受け入れ、心身ともに健康になり、強い人間に生まれかわったのです。

ネパールのゴーケという ヨーガの村で、天風はヨーガの先生カリアッパ師から、野にある石に刻まれた昔のヨーガの聖者のことばを教えられました。それらはサンスクリット語で刻まれていましたので、カリアッパ先生は英語に訳して天風に教えました。

それは、たとえば、「私は力だ!」といった、きわめてシンプルなことばでした。あるいは「私はいま、ユニバーサル・スピリットのなかにいる」ということばでした。ユニバーサル・スピリットとは「宇宙の霊」という意味です。それで、天風はしばしば「宇宙霊」ということばを使いました。「宇宙霊」とは宗教的に言えば「神」「仏」です。宇宙の根本的な実在、大自然の造物主、と言ってもいいでしょう。天風は、これらのどのことばを使っても同じことだ、と断言しています。

このようなことばを使うため、天風は宗教的だと考えられがちです。たしかに宗教的ではありますが、特定の神にすがろうとか、宇宙霊を頼ろうとかいうことを天風は否定します。自主自律の精神を尊ぶのです。ですから普通の宗教とは違います。天風は自主自律の精神を養うための方法を重視します。その方法の一つが瞑想であり、もう一つが「ことばによる自己暗示法」なのです。

◎誦句に救われる

天風の自己暗示の誦句の例をもう一つ挙げてみましょう。

ことばの誦句

私は今後かりそめにも、わが舌に悪を語らせまい。
否、一々わがことばに注意しよう。

同時に今後私は、もはや自分の境遇や仕事を、消極的の言語や、悲観的の言語で、批判するようなことばは使うまい。

終始、楽観と歓喜と、輝く希望と、溌剌《はつらつ》たる勇気と、平和に満ちたことばでのみ生きよう。

（中村天風の誦句より）

こういった誦句を唱えることによって、私は心をポジティブにし、どんどん健康を回復した経験をもっています。同時に、天風がヨーガをヒントに創案した呼吸法や、体操や瞑想も学びました。

正直なところ、当時の若い私は、すぐには瞑想の奥義を把握できませんでした。しかし、自己暗示のことばはすぐに理解できたものです。天風先生に「これらの誦句を暗誦しなさい」と言われれば、すぐに暗誦できました。

だからといって、私が当時、ことばの自己暗示について正しい理解をしていたわけではありませんでした。自己暗示のことばがいかに自分を強くしてくれるか、ということを、ほんとうには理解していなかったのです。愚かな私でした。

私は先生からヨーガの方法を習って、二、三年たつと健康を完全に回復し、それで満足でした。そして十二年間先生の薫陶《くんとう》をうけ、私が二十八歳のとき、天風先生は九十二歳でおかくれになり、私はしだいに誦句を忘れていきました。ただ、瞑想や呼吸法、体操は実行していました。

◎精神的な苦境をのりこえる

私は、二十代、三十代と比較的健康に恵まれました。天風先生がご存命で、その指導のもとで「心身統一法」というヨーガの修行をヒントにした方法を実践していたからです。「心身統一法」のなかでも、自己暗示のことばが、私の心に影響をあたえた最大のものであった、といまは思います。愚かな私は、その頃、そのことをあまり意識していませんでした。

私は高校で八年間英語を教えたあと、三十六年間、大学で英語を教えました。講師、助教授、教授と順調に昇進し、教授になったのは四十二歳のときでした。大学院へもいかず、学士の資格しかなかった人間としては異例の早さでした。

五十歳にさしかかった頃、ひどい腰痛におそわれ、二、三年苦しみました。六ヵ月休職もしました。その頃、天風先生に習った瞑想をあらためて学びなおし、瞑想のコツを会得するにいたりました。そして、腰痛からくる消極的な気持ちを克服することができました。そのいきさつ、個人的体験は、『中村天風から教わったやさしい瞑想法』（プレジデント社）にくわしく書きました。

五十代のおわり頃、大学で役職につき、大学全体の英語教育の責任者になりましたが、英語教育の方針について経営のトップと意見が対立し、私は苦境に立ちました。しばしば経営のトップと私のあいだで激論になり、罵倒しあうまでになりました。

これくらいのことに負けない自分だと思っていたのですが、ある朝、ストレスが積もりつもって心労となり限界に達しました。「このような精神状況のなかで人は自殺を考えるんだな」と私は思い、「この苦境から抜けでるには、教授のポストを投げだして辞職するしかない」とまで考えました。五十九歳のときでしたから、そのとき退職しても許される年齢だったかもしれません。

その日、いつもの瞑想を二十分ほどしてから、そのときの自分の精神の状態を内省して、こう思いました。

「現在の自分の心は落ち込んでいる。二十代で天風先生のご存命の頃は、こうではなかった。もっと力強くポジティブだった。当時の自分といまの自分は、どこが違うのか」

このように自問して、ハッと気がついたことは、

「ああ、そうだ！　二十代の頃は、毎日のようにポジティブな自己暗示のことばを唱えたものだった。それらが私をはずむように元気にしていたのだった」

そう思いついて、私はもう一度天風先生から習った自己暗示のことばを覚えなおそうと決心したのです。そして先生の書かれた誦句集をとりだし、自己暗示のことばをくりかえし唱えました。すると、二、三日もすると、ぐんぐん昔

のように元気が戻ってくるのを感じました。

あんなに苦しかった気持ちが、ウソのように消えて、それ以来私は毎日誦句集の自己暗示のことばを暗記しなおし、自分に朝夕いいきかせました。その効果は驚くべきものでした。大学の役職も、ウソのように気楽に感じられるようになりました。

真っ暗な闇の支配する部屋の中に、微かな光を灯すだけで、闇は消えてしまいます。おなじように、心の闇も、わずかな自己暗示の明るいことばで消えてしまうものです。ちょっとしたポジティブなことばにも、絶望的な状況から人を救う力があります。人の心を元気づけるような唱詩をくりかえせば、それは大きな光となって、人の心を照らすはずです。

第一章

唱詩とはどんなものか

◎流行歌が人を救うこともある

ある日、私はあるテレビ番組をなんとなく見ていました。すると、中年過ぎの女性が、自分の子育ての体験を話しはじめました。彼女は笑いながら涙を流していました。昔、夫と死別し、幼児を二人もかかえて、働きながら育児をしたといいます。心身ともに疲労が限界にきたとき、あまりの苦しさに、

「もう死んでしまいたい！」

と思ったそうです。そして、毎日自殺のことを考えるようになり、ある日とうとう自殺を決意し、致死量のクスリを用意しました。そのとき、ラジオから偶然、ある流行歌が流れてきました。

「……笑って、大丈夫……」

という歌詞の一節がなぜか、そのときの彼女の心をとらえました。

「私は笑えるかしら？　こんな苦境に追いつめられている私が？」

と、彼女は自問しました。すると不思議なことに、そのとき彼女は、

「笑おうと思えば、笑えないわけではないんだ。いまのこんな私でも、笑えるんだ！」

と答えを出したのです。「大丈夫」と歌はうたっています。彼女は、さらに考えました。

「笑えば大丈夫なんだ。人生って楽しいのかもしれない」

と、思いました。その歌詞はつづいて、

「……こんなつらいときもあった、と思う日がきっとやってくる……」

彼女はハッと眼が覚めるような気持ちで、考えました。

「そうだ！　あと数年の辛抱なんだわ。数年たてば、子供は大きくなり、私もずっと楽になる。そして、つらいときもあった、と思いだせるかもしれない」

ラジオで、歌手はさらに歌っています。

「……涙の数だけ、強くなれるよ……」

そうだ、と彼女は思いました。「ずっと泣いてきた私はどんなにたくさん涙を流したことだろう！　その涙の数だけ、私は強くなれるかもしれない。いや、きっと私は強くなれる！」

彼女は自殺を思いとどまり、「つらい」と感じたとき、その流行歌を口ずさむようになりました。そのようにして、彼女は自分を励まし鼓舞し、働きつづけて二人の子供を育てあげました。一年たつごとに、子供は成長して、すこしずつ楽になることに彼女は気づきました。そして、子供が手のかからないほど大きく成長した今日、彼女は大きな幸せを感じて毎日生きていると語っています。そして、テレビカメラの前で、うれし涙を流していました。その顔は屈託なく笑って輝いていました。

単なる流行歌とあなどるなかれ！

この話には、自己暗示のことばのもつ魔法のような力が示されています。ことばには、人の命を救うほどの力があるのです。この流行歌に宗教の教えはありません。しかし、この女性にとっては、宗教のような救済の力があったのです。彼女の覚えた歌詞には、むつかしい深遠な哲学もありません。しかし、追い込まれたこの女性は、まさに「哲学」していたのです。人生を哲学して、その結果として、ことばの自己暗示をおこなっていたのです。

歌ですから、彼女はメロディにあわせて、ことばを自然に覚えられたことでしょう。この女性はいわば自己暗示のことばを暗誦し、毎日のように自分の心を、ポジティブな方向へと、励まし鼓舞していたことになります。

私はここで、ただ流行歌を賛美しているわけではありません。この話が、人生についてのひとつの真実に、赫々《かくかく》として光をあてていると言いたいのです。ことばが魔法のような自己暗示力をもつという現実的な例を示しています。

高い知性や教養をもつ読者のみなさんはぜひ、自分の読書から、人生の励みとなるようなことばを発見してください。そして、それを詩のようなかたちにして、毎日唱えてください。それが唱詩です。唱詩は暗示力によってかならず心を強くしてくれます。

右の女性が自己暗示に使った歌詞が、すべての人の心を打つとはかぎりません。人によって、その心境によって、心に響くことばがあります。すくなくとも私自身は、右の歌詞に感応しません。私にはもっと心を鼓舞してくれることばがあります。それについては後述します。

その人の生い立ち、過去の経験、学歴、職歴、現在の精神状態によって、心を励ましてくれることばは違います。したがって、自己暗示に使うことばは、

1. 個人的なもの
2. 普遍的なもの

の二種があることになります。どちらも価値のあるものです。要するに、自分の主観で、心にピーンとくる、力強いことばを選べばいいのです。

また、自己暗示のことばは、

1. 寸言（一文くらいの短いもの）
2. 唱詩（複数の文から成り立つ長いもの）

の二種があります。このどちらも役に立つものです。寸言は覚えやすく、いつでも口ずさむことができます。唱詩のほうは、メモをしておいて、朝夕のときをえらんで、あるいは瞑想の後で唱えるのに適しています。

◎益川教授の座右の銘、「眼高手低」

唱詩をつくるにあたって、一例を示したいと思います。

私の同僚に、二〇〇八年のノーベル物理学賞にかがやいた益川敏英さんがいます。益川さんの座右の銘に「眼高手低」ということばがあります。これをテーマに唱詩をつくってみます。

唱詩をつくるには、自分の心を鼓舞するような自己暗示のことばにしなければなりません。

「眼高手低」という漢語の意味を益川さんは、「眼は高い目標をみつめて、手は低いところで、コツコツと地道な仕事にはげむ」ととらえました。てもとにある漢和辞典をひくと、「眼高手低」は「批評はうまいが、実際の仕事はへたである」というような、ネガティブな意味になっています。しかし、この四文字を益川さんのように解釈して、自分なりのポジティブな意味をこめて、座右の銘にすることは可能だと思います。

自己暗示の唱詩を作るには――この「眼高手低」を例としていえば――このなかの「高い目標なるものを明確にしめすこと」がまずポイントになります。あくまで、一例ですが、ある科学をこころざす若い人が、その「高い目標」を「すぐれた科学者になる」と設定したならば、つぎのようなことばにすることができます。

すぐれた科学者になるという高い目標をみつめて、
手は低いところで、
コツコツと地道な研究に励もう！

しかし、この一文だけでは、唱詩としてはちょっと短くて単純すぎます。そこで、たとえば、
「世の中の人々の役に立つような、りっぱな科学者になるために」という句を最初に入れてみましょう。「世の中の人々の役に立つような」ということばを

入れると、目標がノーブルになり、気高く感じられるでしょう。唱詩をつくるにあたって、それはとても大事なことです。

自己暗示の唱詩は、あくまで自分のためのものであり、他人に公表する必要はないのですから、その内容が自分には立派すぎて恥ずかしい、というふうには考えないほうがいいのです。この唱詩のタイトルは益川さんに敬意をはらって「眼高手低」としておきましょう。

眼高手低

私は、人の世のために役立つような
りっぱな科学者となるために、
その高い目標をみつめて、
手は低いところで、
コツコツと地道な研究に励んでいこう！

ここで、まちがっても自分一人の立身出世を願うようなことばは入れないことです。たとえば「世界一偉い科学者になろう」とか「将来ノーベル賞をとるような科学者になろう」といったような目標です。もしそのような理想をかかげるならば、それは自己中心的な立身出世を願う、醜い卑しいものになってしまいます。

目標や理想はあくまで貴く清らかでなければなりません。私は、理想は崇高なものであることが望ましいと思います。

これは天風の教えでもあります。

◎「般若心経」を自己暗示の唱詩にする

有名な禅宗のお経に、「般若心経」があります。中村天風は、禅宗の坐禅について現代のやり方を批判したことがありますが、天風の学んだヨーガが禅の淵源であることから、禅を学び、禅を尊重しました。その証拠に、私は天風が「般若心経」を写経した筆跡のコピーをもっています。

一般的に、天風の揮毫《きごう》は気力が充実しているという点で、余人のおよばぬ抜群の墨跡です。天風が若い頃は（といっても五十代、六十代ですが）その筆は雄勁《ゆうけい》だけれど、ちょっと生真面目でした。しかし、晩年に近づくほど、とらわれのない自由で闊達で、独特の風韻があります。

ところが、天風の般若心経の写経は、天風の墨跡とはおもえないほど精緻《せいち》で、印刷された活字にちかい筆はこびです。それを見ると、天風が般若心経の「空」の思想を尊重したことが、はっきりとわかります。

「般若心経」の原典はサンスクリット語で書かれていて、観自在菩薩が知恵者の長老ジャーリプトラという人に説法するという設定になっています。心経は大乗仏教の「空」の知恵を説いているのです。

「空」とは、釈迦が説かれた仏教の大切な概念です。禅僧によっては、般若心経を唱えながら瞑想に入っていきます。般若心経は真言であり、これをくりかえし唱えて、心の集中をはかるのです。

般若心経のテーマは「空」の一字に集約できます。唱えている人を見ると呪術的な感じを受けます。現に、「般若心経」の「心」という字は、「こころ」という意味のほかに呪術の「呪」という意味もあるそうです。

西暦六四五年、インドより中国に帰国した玄奘《げんじょう》三蔵法師が、般若心経を漢語に翻訳しました。その最古の般若心経のテキストが、八世紀初頭に建立された奈良の興福寺に収められているそうです。

良寛《りょうかん》は歌人として有名ですが、禅僧で、般若心経をたくさん写経していますし、俳人の種田山頭火は、般若心経を唱えながら坐禅を組んだといわれていま す。また、山伏などの行者が般若心経を唱えながら「行」をします。

ですから、般若心経は日本人にはなじみのあるお経です。私自身は、般若心経を、京都西賀茂の禅寺、正伝寺の住職をしていた、私の伯父にあたる山崎秀山《しゅうざん》から、習いました。

般若心経は次のようなことばで始まります。

観《かん》自《じ》在《ざい》菩《ぼ》薩《さつ》　行《ぎょう》深《じん》般《はん》若《にゃ》波《は》羅《ら》蜜《みっ》多《た》時《じ》　照《しょう》見《けん》五《ご》蘊《うん》皆《かい》空《くう》　度《ど》一《いっ》切《さい》苦《く》厄《やく》　舎《しゃ》利《り》子《し》　色《しき》不《ふ》異《い》空《くう》　空《くう》不《ふ》異《い》色《しき》　色《しき》即《そく》是《ぜ》空《くう》　空《くう》即《そく》是《ぜ》色《しき》……

現代日本語への翻訳は中村元や金岡秀友の立派なものがあります。私の唱詩のすすめの趣旨からいうと、そのまま使うことはできません。なぜなら、唱詩による自己暗示は、もっとわかりやすいことばで、明確なイメージを心の中に描くことに眼目があるからです。

般若心経をもとにして、ひとつの唱詩をつくってみました。この唱詩は、学問的には正しくないところがあると言う人がいるかもしれません。中村天風に学んだ私の「空」についての考え方も混入していますので、あくまで、般若心経をヒントにした、私の個人的な自己暗示のためのことば、と考えてください。

一切空

物には実体はなく、一切は空である。
人がふつう感覚しているものは、すべて空である。
人がふつう思ったり考えたりしているものは、すべて空である。
人が意志しているものも、すべて空である。
この現象世界の背後にある見えざる実在は、
生ずることもなく、滅《めっ》することもなく、
増えることもなく、減《へ》ることもない。
絶対的な宇宙の実在の世界には、老いも死もない。
悟りを開いた覚者は、
仮相の現象に心を惑わされないから、恐れるものがない。
覚者は、正しい悟りによって、正しい知恵をもっている。

この唱詩には、自分を励まそうとするようなことばは入れませんでした。ただ「空」についての真理を述べたものです。このようにただ真理を述べたことばだけでつくる唱詩もあっていいと思います。

◎感動は「信」への道しるべ

現代人はえたいの知れない不安をもっています。

現代人のもつ不安は、解明のむつかしいものです。突然襲ってくる驟雨《しゅうう》のような不安です。原因がわかりにくいため、いかに対処していいかわからない場合が多いのです。

しかし、原因をかならずしも突きとめなくとも、不安を解消する方法があり、そのなかでも最も効果的なものが「ことばによる自己暗示」です。心理学の専門用語ではこれを「自律訓練」と呼びます。

一般的に、現代的不安の根底にあるものは、単純化して言えば、

「信じられるものがない」

というこことです。その「信の欠如」をいかに解決するか。それがわからないので、現代人の心の中にある迷いは深いと思います。

「信ずるもの」を簡単に見つけられない、と嘆く若い人が多い時代です。学校では知識のつめこみに教育が偏重していますし、家庭では若い両親も、自分が信じられるものをもっていません。

しかし、信ずるものがない、ですませられないのが人生です。どこまでも自分の信じられるものを探究しなければなりません。かならず、信じられるものがあるのが、また人生というものです。なぜなら、信じられるものは、自分が感動するもののなかに潜んでいるからです。それは一つの物語や映画かもしれませんし、哲学や宗教の本の中に見つかる、あることばかもしれません。

感動を自分にあたえてくれるものこそが、信をとりもどすヒントをもっています。感動は信への道しるべです。だから、自分がなにかに感動したとき、それについて深く考えてその本質をつかみとることです。とりあえず、その感動をメモしましょう。感動を自分なりのことばに置き換えてみましょう。それをくりかえし心の糧として服膺《ふくよう》し、前にむかって進むことです。そうすれば、さらに感動をあたえてくれるものとの出会いがあるものです。感動が、信じられるものをつくっていく要素となります。

じつは、いまのところ全人類に普遍的な信じられるものはないのです。いろいろな宗教や哲学や思想があります。しかし、個々人が、自らの信をとりもどす努力をするならば、希望の地平が開かれるにちがいありません。

村上春樹の『ノルウェイの森』という小説が、世界中で読まれつづけていますす。そこに通奏低音のように流れているテーマは、現代人の「底なし沼のような不安」です。それが日本だけでなく、多くの外国語に翻訳されて、世界の多くの読者にアピールしていると思われます。

この作品は、文学的装飾と、興味深いストーリー展開をもっていますが、現代人の心の不安の問題に対して、なんらかの解決策を提供しているわけではありません。二〇〇九年に出版された『1Q84』という小説についても、同じことが言えるようです。

底知れぬ不安は昂じると恐怖になります。精神医学や心理療法や催眠学が、そのような病理に対して、いろいろな対策を模索しています。それらの対策のなかには、効果のあるものも出てきているようです。

たとえば——

エインズリー・ミアーズ博士（オーストラリアの心理療法家・国際催眠学会会長）は、緊張や不安や恐怖に悩む患者に対して、まず身体をリラックスさせ、つづいて心をリラックスさせる方法を創案しました。そして、患者の不安の原因はさまざまで、その原因をさぐる必要はなく、まず心身をリラックスさせることが先決だ、と教えています。

そして、ミアーズ博士は、心身をリラックスさせるにあたって、他人の力を借りないで、ことばによる自己暗示をかけることを、患者にすすめています。

その博士の「リラックス法」は、大きな成果をあげ、学会に報告され、企業のトップリーダーたちも実践し効果をあげています。たとえあなたが病人でなくとも、博士の方法を学び、ことばを使って自己暗示をかける方法を活用すれば、人生は明るい希望にみちたものに変わります。

ミアーズ博士の心理療法を学んで、私の感じたことは、ことばには、不安をとりのぞくために、心身をリラックスさせることができるほど、驚異的な自己暗示の力があるということです。ミアーズの心理療法については第六章でくわしく紹介します。

◎なぜ、私たち現代人は常に不安なのか?

現代人特有の不安や恐怖の底にある、主要な原因の一つに、現代文明の物質至上主義的な思想傾向があります。これは、二世紀にわたる歴史のなかで、科学が宗教に対して優勢になったためです。

過去の宗教的な精神主義の遺産が、科学の隆盛によって、破綻しつつあるのです。つまり、多くの宗教が、科学によって開かれた知性によって説得力を失いつつあるのです。その結果、人々は心の大切さを忘れ、信ずるものを失い、物質的な豊かさばかり追求しています。

物質的享楽の追求は人間の欲望を際限なく肥大させています。その結果、経済的な競争が激しくなっています。人々は緊張を強いられ、ストレスの多い社会になっています。過度の緊張やストレスが長期にわたってつづくと、不安が生まれます。

物質的な欲望は一つ満たされると、さらに大きな欲望が出てくるものです。その結果が精神的疲労、焦燥、イライラ、フラストレーションです。それが現代人特有の不安を生みだしています。

物質的な欲望の一つが肉体的欲望――セックスや食べることです。性的欲望は、長いあいだ宗教によって抑圧されていましたが、いまや宗教の衰退とともに、爆発的に解放されています。飽くなきグルメ志向とかフリーセックスの追求は、肥大化した現代的欲望の代表です。

あらゆる人間の物質的欲望には、限度というものがありません。行きつくところは欲求不満です。極度な欲求不満は、人によっては狂気にまで発展します。狂気はしばしば犯罪や自殺に人を駆りたてることがあります。現代は犯罪や自殺の多い時代でもあります。

アメリカの精神分析学者、エーリッヒ・フロムは、現代の精神状況を分析し、現代人は「狂人になるか、それとも悟りをもとめ求道の人となるか、この二者択一しかない」(『禅と精神分析』)とまで断言しています。

もうひとつ、現代の大きな問題に、マスメディアやインターネットの言語的氾濫という現象があります。

現代のテレビやコンピュータの発展と隆盛は、ことばを、現実との対応をもたない空虚な記号のようなものにしてしまっています。おびただしい数の書物が毎日のように出版され、店頭に並び、インターネットでは、まちがった言語情報が氾濫して、現代社会は、まるでことばの塵芥《じんかい》の濁流のごとき観があります。もちろん、なかには貴重な正しい情報もふくまれていますが、その量はけっして多くありません。

現代は、皮肉なことに、ことばや活字の氾濫が、ことばの無力化という病弊を、引き起こしています。ひいてはことばへの不信という現象をひきおこしています。その結果、ことばの自己暗示力を、現代人は忘れて利用していません。いまこそ、ことばの暗示力を回復させるべきときだと、私は信じます。

第二章

自己暗示は信念を強くする

◎自己暗示は自己変革である

ことばの自己暗示がポジティブであれば、それをおこなう人を強くするのはなぜでしょうか。それは一言でいえば、自分を信ずることができるようになるからです。それは一種の自己変革、もしくは自己改造です。

私は恩師中村天風から、自分を信ずることを「信念」ということばで教えられました。ここで、信念について天風とともに考えてみたいと思います。

信念とは、自分を信ずる念、であり、絶対的な安心感であり、自分の夢や希望を実現する原動力となるものです。信念の強い人は、ゆるぎない安心感をもって、人生を歩いていくことができます。その反対に、信念のない人は、まるで薄い氷の張った湖面を、恐るおそる歩いていくような、頼りない気持ちで人生を送ることになります。

信念は信仰とはまったく違います。宗教的な信仰は、多くの場合、神にすがろう、仏に頼ろうとします。信念は、自主自律の精神で、現実的な方法で人生をつくっていく力です。現実的な方法の一つが、このことばの暗示力の活用です。つまりポジティブな唱詩を唱えることです。唱詩を毎日唱えると、信念につつまれた状態になり、心の奥から力がわいてきます。

天風は「強い信念があれば、奇跡以上の良い現実が生命にあらわれる」と言っていますが、誤解してはなりません。「奇跡」というのは怪しげで迷信的な出来事ではありません。天風の言う「奇跡」とは、常識で考える以上の自己改造が現実化することを表現していることばです。

信念があると、他の人ができることなら、なんでもできるようになる、と天風は考えました。多くの人は、ちょっと努力してできないと、すぐにあきらめてしまいます。そして、できる人のことを、特別な人であるかのように考えてしまいます。中村天風という人は、若い頃は血の気の多い、いわば激烈な行動家でしたから、じっと机にむかって、絵を描いたり字を書くことはきらいでした。絵を描かせても、円《まる》を三つかいて、それをつらぬく一本の棒線をひき、これが団子だ、といって笑っているような子供だった、と天風自身が言っています。字もろくに書けなかったそうです。それが、中年になって信念を強固にしてから、天風は絵も字も驚くほど上手になったのです。

私は先生の描かれたいくつかの動物、植物の絵を見たことがありますが、玄人眼にどう映るかは知りませんが、とてもよく描けています。また、天風の揮《き》毫《ごう》は、余人にはまねのできないほど気力の充実した筆はこびで、しかもなんの衒《てら》いもこれ見よがしなところもない、淡々として高貴な風韻があり、天風の魅力ある人柄が出ています。天風が「信念は奇跡のような力を人に与える」と表現するのは、そういう自分でも信じられないような自己自身の変わりようを念頭に置いてのことです。

右に述べた天風の書や絵はほんの一例です。天風はネパールでの修行ののち、信念が強くなったために、それまで不得手だったものが、人並み以上にできるようになりました。天風はそのことを踏まえて「奇跡」ということばを使ったわけです。

◎イメージをつくるのはことばである

天風は「信念は、生まれながら、だれの心の中にもあるのだから、煥発《かんぱつ》しなさい」と教えています。「信念は出よう出ようと、うずうずしているものだ」とも言われました。そして、信念を煥発する方法こそが心身統一法のすべてなのですが、とくに「瞑想」と「自己暗示のことば」の二つが重要な柱になります。天風の瞑想法については、すでに『中村天風から教わったやさしい瞑想法』でくわしく述べましたので、本書ではもっぱら、ことばによる自己暗示の方法を説明し、おすすめしているわけです。

天風は自己暗示のことばとして「誦句」をたくさんつくり、人々に朗唱するようにすすめました。「〝句〟は〝文〟を構成する小さな単位である」というのが現代の日本語的意味ですから、数行以上にわたるものは「詩」ということばのほうがいいと、私は考えました。また「誦」よりも「唱」のほうが現代人には親しみがあるという理由で、「唱」と「詩」を組み合わせ、「唱詩」と表現したのです。「誦句」のほうが好きな人は、それを使えばいいと思います。

天風は、信念を強くするためには「想像力を応用して、心にたえず念願することを映像化して描くこと」だと教えました。自分の念願するものをどのようにして映像化できるでしょうか。たとえば、病の人が健康を念願したとします。さて、その「健康になる」ということをどうすればイメージできるでしょう？

そういうことを突き詰めて考えた人を、私はあまり知りません。

健康のイメージを描くことは、けっして易しくないのです。私自身、病のとき、健康になった自分を想像しようとして、それがむつかしいことを発見しました。自分の健康を想像しようとしても、なにか漠然と想像がぼやけてしまって、うまくいかないのです。

ところが、後年、六十歳ちかくになったとき、天風先生の著書や講演記録をすべて読み直していて、ハッと気がついたのです。わかってみると、すこしもむつかしくはないのです。それは「健康をイメージしたことばの唱詩をとなえる」ということで可能になるのです。単純化していえば、「私は健康だ！」と唱えることで自然にイメージがわいてきます。ただし、この一文では簡単すぎるので、もうすこしことばを補いたいのです。

たとえば——

私はいま、
私の生命の中に、
新しい力と新しい元気とを感じる。
私はいま、
心も肉体も新生しつつある。
同時に、私はいま、
限りない喜びと輝く希望とに小躍りする。

（天風の誦句より）

右のようなことばを唱えると、自然に自分の健康になったときのイメージがわいてきて、元気が出てきます。

ことばを使う暗示といえば、天風の本を読んだことのある人なら、つぎの方法をまず思い出すでしょう。夜寝る前に鏡にむかって自分の顔を映し、自分の眉間にむかって「おまえ、信念強くなる！」と自己暗示をかける、あの方法です。その方法でも効果はもちろんありますが、唱詩を唱えるほうがはるかに効果は大きいのです。天風著の『天風誦句集』を朗唱することは、最も有効なことばの自己暗示となります。ただ、若い人々には、天風の誦句の表現は、すこしむつかしすぎるかもしれません。

◎自律訓練とは自己暗示のこと

心療医学には「自律訓練」という専門用語があります。この抽象的でわかりにくいことばは、実は「自己暗示」ということなんです。つまり、唱詩を毎日唱えて自己暗示をかけることが「自律訓練」となるのです。「自律訓練」とは他者に依存しないで、自分で自分の心を正しく強く律することです。ただ医学で「自律訓練」と言われているもので使われる自己暗示のことばは、ふつうワン・センテンスです。これでは自分の人生観をつくりあげていくようなことばの構成にはなりません。構成をあたえるためには、ある程度の長さがどうしても必要です。

天風の誦句のなかに「信念と奇跡」と題された暗示のことばがあります。その一節はつぎのようなものです。

……そもや自己を作るものは、自己である。そして自己を正しく作るには、何をおいても、自己を正しく律することである。
しかも自己を正しく律せんと欲せば、ただ偏《ひとえ》に信念を基盤とする連想の観念を、常住わが心の中に厳かに確保せざるべからず。……

（天風の誦句より）

右の「自己を正しく律する」というのが、「自律訓練」であり、「自己暗示のことばで、自分を正しい方向へみちびく」ということです。そして、「連想の観念を……確保する」というのは自己暗示のことばをくりかえして連想することです。

だから、天風の信念に関するこの誦句の意味するところは、ことばの自己暗示を毎日続けなさい、ということに尽きます。

「山」ということばをくりかえし唱えると、自分の見たことのある山がありありと想像され、イメージがわいてくるものです。さらに「比叡山」とか「八ヶ岳」など、自分が見たことのある山の固有名詞を唱えると、たちまちその山の姿や色合いまでが意識の中に現出します。それとおなじように、唱詩を唱えると、そのことばの指し示すものに心が同化して、その内容とおなじ人間に自己が改造されます。

信念とは自己確信です。英語に訳すときは、辞書にあるように firm belief と訳すと、ある宗教をかたく信仰することを暗示しますので、confidence と訳します。すると「自信」という意味になります。たしかに、信念は自信とよく似ています。ですからポジティブな自己暗示の唱詩を唱えると、自信が生まれてきて、それまで不得意だったものまで、うまくできるように自己変革できます。信念が強くなると、おおいに自己の潜在能力を開発することになるのです。

◎唱詩のとおりに自己改造ができる

自分の心の中で思っていること、考えていることが未来の自己のありようを決定します。また、いまある自分は過去において自分の心の中で自分の思ったこと、考えたことの結果です。

強い信念の持ち主になるには、自己暗示の唱詩をくりかえし唱えて、自己のイメージを想像のスクリーンの上に描きだすことです。くりかえしイメージしたことは、無意識（潜在意識）の中で、一つの確固たる要素となります。その要素がポジティブなものであれば、自然にポジティブな考え方が、日常的に実在意識の上に現れてくることになります。ですから、唱詩に描きだしたモデルどおりの自分に自己改造できるわけです。

無意識は実在意識の下にあって、人の思考を現実化する力の源でもあります。ただし、自分が唱詩の中に描く事柄は、現実味のある、可能性のあるものでなければなりません。不可能なことをいくら唱詩に描いて想像をくりかえしても、それは実現しません。たとえば背の低いことで悩んでいる少年がいると仮定して、その少年が、背が高い自分を想像しても、そのぶんだけ背が高くなるということはありません。

その少年は、そんなことを望むよりももっとほかのこと……たとえば健康で逞しく成長するように、あるいはなにかの分野で秀でた人間になるように、自己向上の標準を定めて自己暗示をおこなうべきです。

天風の教えのほとんどすべてが、信念を強くして自己実現をなしとげる方法だと言えますが、信念に関する講話では、具体的な方法をほとんど語っておられません。しかし、ただ一行、

「信念を強くするには、暗示の力を活用することだ」

とあります。この一言が誦句の朗唱を意味し、それがきわめて重要だということを、私はずっと後になって気がつきました。いまでも、信念が自己暗示のことばで強くなる、ということに気づいていない人は多いのではないか、と私は思っています。

しかし、天風の実践哲学の全体をよく把握した人ならば、信念を煥発するには、ことばのもつ自己暗示力を活用し、たとえば唱詩のようなものを毎日唱えることが、最も正しい方法だとわかるはずです。

第三章

理想の追求と自己暗示

◎理想をもつ人は強い

理想をもっている人は強い。理想のない人は、難破した船のごとく、大海をさ迷い漂流しているような不安のなかに生きることになります。

信念が自分の夢や希望をかなえる原動力だということは、前章ですでに述べましたが、信念が船のエンジンだとすれば、理想は航海のルートです。人生航海のルートが描かれなければ、その人の人生は迷妄の中を漂うことになってしまいます。

だから、天風は、人が人生を生きていくうえで、理想というものを重要視しました。理想には人を牽引する、驚異的な力があると考えたからです。

哲学者西田幾多郎も名著『善の研究』（岩波文庫）で、つぎのように結論づけています。

「善とは我々の内面的要求即ち理想の実現（中略）である」

理想をもつ人は、強い力で理想にむかって前進します。したがって、むやみに病になることもなく、その運命をよい方向に進めていきます。理想が、人を強く生かすのは、それが宇宙の大生命をひきつけることになるからです。理想をもたない人は、自分の進む方向を見失っています。その結果、かならず迷い苦しむことになります。

理想は一人ひとり違います。人はなんとしても自分自身の理想をみつけなければなりません。また自分の理想を人に押しつけることはできません。

理想が心の中に描かれていると、自然にその人の考え方はポジティブなものになります。天風は、

「理想は自己を生かす宗教だ」

と言っています。理想があれば、既往の宗教は要らなくなるほど、人を安心立命させるからです。

理想と言えば、人によっては「会社で社長になるのが、おれの理想だ」などと考える人もいます。それは立身出世の欲望であって、理想とはよべません。社長や部長になるという欲望が悪いというわけではありません。人はだれでも、

社会で働けば、社会的に高い地位を、あるいは栄達をもとめるものです。ただそういった欲望ばかりを追い求めて理想をもたないと、欲望がエゴイズムになってしまいます。

しかし、「自分の仕事を立派に果たして、世のため人のために尽くそう」と思うならば、それは立派な理想になります。そしてその理想にむかって進むならば、その結果として、社長になるという欲望は、かえって容易に叶えられることになります。

◎理想は気高いもの

社会的にポストの高い仕事だけが、人生の幸福のもとになるわけではありません。たとえば、ゴミ処理の仕事でも——ゴミ処理を汚い、つまらぬ仕事と考えている人がいるかもしれませんが——それをおこなう人が、ゴミを能率的に処理して、美しい町にしよう、そして町の人々に喜んでもらおう、と考えて仕事をしているとしたら、これはすでに立派な理想になっています。清掃によって町の人々が衛生的で健康的な生活ができるのですから、ゴミ処理もおおいに人の世の役に立つ貴い仕事です。

いくらきれいなオフィスで、きれいな仕事をしていても、その人が「この仕事でうんと金儲けをしよう」とばかり考えていたならば、そこには理想はありません。一流企業の社長でも、自分の会社の利益ばかり考えていたならば、理想はなく、欲望にふりまわされ、いつかは世の中の非難をあびるような事態が発生します。高い地位にある人ほど高邁な理想をもつ必要があります。

すべからく理想は「気高く」なければならないと、天風は言っています。欲望は生きている以上、かならず出てくるものです。欲望なしに人は生きていけません。その欲望には、卑しいもの、醜いものもあります。気高い理想は、それらの欲望を緩和して調節してくれます。人は気高い理想をもつべきですが、自分の欲望を捨てる必要はないのです。

理想をもつ人は、特定の宗教や神仏を信仰しなくとも、強さをもっています。

確固とした理想にむかって進んでいる人は、世の中にたくさんいます。そういう人をじっと見ていると、理想のない人と比べてはるかに力強い生き方をしていることがわかります。

そして、理想をもつ人のなかで、なにかの宗教を信じている人は、その神や仏を崇拝する気持ちはあっても、頼ったりすがったりする気持ちはないことがわかります。宗教で神仏と名づけられている宇宙の絶対者（大自然の造物主）は、尊崇すべきものです。

そもそも、神仏は、頼ったりすがったりすべきものではありません。ましてや、金銭を投げつけて利益をお願いすべきものではありません。実際、神仏がお賽銭をもらったからといって、健康や家内安全を助けてくれるのでしょうか。それは神仏に対する冒瀆ではないでしょうか。

お正月に神社でよくみかける絵馬には、健康、家内安全、入試の合格などが祈願されていますが、それらの願いごとは、合理的に自分の力で実現するよう努力すべきものです。その実現する力を、すでに神仏は十分に、私たちに与えているはずです。

もちろん人生には実現できない願いごともありますが、それは諦めて、足るを知る以外にありません。

神仏とは、感謝し尊崇する対象であるべきです。神は自然法則を創りだして人に与えているのですから、その法則を学び、その法則に従って生きていくならば、かならず大きな生命力や知恵が出てくるはずです。

◎理想は組織化された内容をもつ

さて、どのようにして理想を私たちは描きだせばいいのでしょうか?

それは、「ことば」によって描く以外に方法はありません。ことばによって暗示を受け、心が励まされて、人は強くなります。そのためには、できるだけ読書をして先人に学ぶべきでしょう。そのなかから自分の座右の銘を見つけることです。そして座右の銘となったことばを核にして、短い詩をつくることです。それが私のいう唱詩です。詩といっても文学的なものにする必要はさらさらありません。散文的なもので十分です。

理想をもつ人は、かならず座右の銘をもっているものです。座右の銘が実は理想そのものなのです。座右の銘に「根性」とか「勇気」などをあげる人もいます。それはそれで結構ですが、いま問題とする自己暗示という観点からいえば、すこし短かすぎます。もうすこしことばを連ねて自己を励ますような言葉にしたいものです。「私は根性をもっている」「私は勇気にみちている」などとすれば、すこし暗示のことばに近くなってきます。その前後に、そのように考える理由、根拠、具体的な目標などが示されると、自己暗示の唱詩となるのです。

理想とは、ある程度組織化された思考内容をもつものです。

夏目漱石は「即天去私」が晩年の座右の銘だったといわれています。しかし、それがどのような人生観なのか。ある程度具体性をあたえないと、自己暗示のことばにはなりません。

座右の銘として一つの漢詩や、現代詩のようなものを示す人もいます。それはそのままで唱詩となっているかもしれません。しかし、自己暗示の観点からいうと、自分なりにすこし手を加えたほうがいいと思います。

◎天風の座右の銘

天風はたくさん座右の銘をもっていたようです。人が揮毫《きごう》を依頼すると、自分の好きな座右の銘を一つ選んで、墨と筆で書いたものです。その一つをここに紹介します。

「六然《りくぜん》誦句」と題して

自《じ》処《しょ》超然《ちょうぜん》
処人《しょじん》藹然《あいぜん》
無《ぶ》事《じ》澄然《ちょうぜん》

有事《ゆうじ》斬然《ざんぜん》
得意《とくい》淡然《たんぜん》
失意《しつい》泰然《たいぜん》

この漢詩を現代文に訳してみましょう。そのまま自己暗示の唱詩になっています。

自分のこと（利害）に対しては、超然と、こだわらず
人に対しては、靄然と、柔らかく、やさしく
事なきときは、心を澄然と、静かに澄ませ
事あるときは、高い山のように、きびしく
得意のときは、淡然として、奢らず、いばらず
失意のときは、泰然として、落ち着いて動じない

これは立派なひとつの理想とよべるものです。

ちなみに、右の漢詩は、元帥東郷平八郎（日露戦争の時の連合艦隊総司令官、ロシアのバルチック艦隊を破る）の愛唱することばだったそうです。天風はそれを自分の座右の銘にしていたのです。東郷元帥は天風の講演を聞きにきて、たいへん感動し、天風と東郷とのあいだに親交が生まれました。東郷は後に昭和天皇が皇太子のときの教育係となり、皇室に深くかかわりました。それで、天風に皇族方に人生講話をするように依頼しました。現に私は天風の講演に宮家の方々が出席するのを見ましたし、そのときの写真もあります。

◎心の豊かな生活

自分の理想について「むやみに変えてはならない」と天風は諭しています。これは大切なことですが、むつかしいことでもあります。私は学生時代、理想を探して迷ってばかりいました。夏目漱石や森鷗外を読めば、その本の中の感動したことばを、「これこそ、おれの理想だ」と考えて大書して、壁に貼りつけてみましたが、何日かたって、プラトンやカントを読めば、それらの本の中のことばのほうがよいと思って、理想を変更したりしていました。新しい哲学や人生論に出会ったりするたびに、自分の理想がころころ変わるのをどうしようもないことだと思っていました。

後年、六十歳ちかくなって、自分の理想はすでに、天風の暗示のことばのなかにあったことに、気づきました。その限りでは、私の理想は十八歳の頃から一貫して変わらぬものであったのかもしれませんが、私は不肖の弟子で、しばしば脱線していたのです。

「心の豊かな生活がいちばん幸せな生活だ」

と天風は教えています。そして

「気高い理想をもつと、心が豊かになる。それこそ最もレベルの高い生活だ」

とも言っています。いくら金があっても、心が豊かでなければ、人は、ほんとうには幸せになれないのです。

理想を抱き、その理想にむかって行動するとき、宇宙の大生命から力と知恵を頂戴できます。理想をもっていれば、自分の運命を自分の力で切り開いていけるのです。多くの人は、自分の運命はすべて生まれる前から決められているように思っています。そういう運命論はなんの根拠もない迷信です。運命が前もって決められているなどと考えていては、自分で道を開いていく気力が衰え、不幸な人生を歩むことになります。万事にびくびくした哀れな生き方になってしまいます。

ただし、天命というものは厳然としてあります。これは動かせないものです。男に生まれるのも、女に生まれるのも天命です。自分の両親のあいだに生まれたのも天命です。天命には安んじて従わねばなりません。しかし、それ以外の運命とよばれるものは、理想をもって努力すれば、かなりの程度に、自分の思いどおりになるものです。

「天命に安住し、運命をきりひらけ。運命をひらく力があなた方にはあるよ」

というのが天風の考え方でした。

自分の理想というものは、なんとしても見つけねばなりません。いま、自分には理想がない、と思う人は、見つける努力をしなければなりません。

理想をもち理想に生きた多くの偉大な先人がいます。そういう人の人生を知り、自分に合った理想を見つけるべきです。

ひとたび理想が見つかったら、拙い散文のようなものでもいいから、それを書きとめて、信念のときと同様、毎日くりかえし唱えて、自分を励ましてあげてください。かならず希望の光がともり、大きな力が自分の中にわいてくるものです。

第四章

唱詩のつくり方（一）

◎一、明快な断定が効果的

まず、自己暗示のための唱詩をつくるには、

「私は……である」

「私は……だ」

という明快な断定が効果的です。

あるいは、未来への決意の表現として、

「私は……しよう」

という表現が望ましいでしょう。

「私は……になりたい」とか「私は……でありますように」などの欲求や祈願の表現は、自己暗示のための表現としては、力が弱いと思います。なぜなら「私は……になりたい」は、「なりたいけれども、なれないかもしれない」という含みを残すからです。その実現性は、向こう岸にあります。暗示の内容と自分は、一つにならなければなりません。

たとえば、「私はあなたのように英語が上手になりたい」と表現した場合、すでに「私はとても、あなたのようにはなれない」という気持ちが含意されています。人間の心は微妙なもので、「……でありますように」などという表現は、「……であればいいが、なかなかむずかしいものだ」という、皮肉なアイロニーの観念をよびおこすこともあります。

具体的な例をあげましょう。

唱詩をつくるに際して、まず、自分の心にピーンとくるような、なにか材料となるものが必要です。

・自分が読んで感動した本
・自分の好きな詩や文
・座右の銘としているもの
・あるいは、感動した話、講演、映画、劇

これらを唱詩をつくる際の材料にするのです。それが自己暗示のことばとして効果的なものになるように、多くの場合、修正を加える必要が出てきます。
一例として、日本人に広く人気のある宮沢賢治の詩をとりあげてみます。

雨にも負けず
風にも負けず
雪にも夏の暑さにも負けぬ
丈夫なからだをもち
欲はなく
決して怒らず
いつも静かに笑っている
（省略）
そういうものに私はなりたい

これは、みなさんご存知の有名な詩です。もっともこの詩は賢治の手帳に書き込んであるのが死後発見されたものですから、賢治にとって、詩として完成されたものではないかもしれません。

この詩の最後は「そういうものに私はなりたい」で終わっています。

このさいごの一文が問題です。「私は……になりたい」というのは、一つの理想にむかっての祈願、あこがれです。自己暗示のことばとしては「私は……になろう！」とか「私はかならず……になるのだ！」という明確な決意の表明のほうが、効果があるのです。

そこで、私はこの賢治の詩をもとにして、次のような自己暗示のための唱詩をつくってみました。

雨にも負けず
風にも負けず
雪にも夏の暑さにも負けない
丈夫なからだをもち

欲はなく
決して怒らず
恐れず、悲しまず
いつも静かに笑っている
あらゆることを、自分を勘定に入れず
よく見聞きし、忘れない
そういう人に私はなろう！
否、かならずそういう人になるのだ！

右の傍線の部分が賢治のオリジナルの詩と大きく違うところです。そして、途中のかなりの部分は省略しました。このように自分の好きな部分だけをとりだして唱詩をつくったり、自分がよいと思うことばをすこしつけ加えてみてもいいでしょう。

七行目に「恐れず、悲しまず」の一行を挿入してみました。

「怒らず、恐れず、悲しまず」というのは「三忽《さんこつ》（三つのしてはいけないこと）」とよばれる戒めのことばをすべていれたわけです。これはあくまで私の個人的な好みです。そして最後の二行を、先述した決意の表現に変えました。唱詩というのはあくまで、個人の自己暗示のためのものですから、作者に遠慮することはありません。

唱詩には題をつけるといいでしょう。私なら「私の決意」とでもしたいところです。ただし、自分の唱詩を公表するときには、オリジナルの詩を変更した部分についての断り書きなどがいるでしょう。

言うまでもないことですが、この唱詩は賢治の詩を改作して、よりよい詩を示しているわけではありません。あくまで自己暗示のために賢治の詩をつかわせてもらっているものです。自己暗示の唱詩は新しい文学の創作ではありません。ましてや、すぐれた文学性を標榜するものでもありません。あくまで自己暗示の実用に供するためものです。

唱詩は美しい文学的な作品をめざすものではありません。もっとも、毎日朗唱するとなれば、その唱詩のどこかに美しさがあるに越したことはないでしょう。ただ、それを目標にしないほうがいいと思います。

◎二、好きなことばをおおいに引用する

好きな詩のことばなどを、忠実にそのまま引用したあとで、自己暗示のことばをつけ加えるというやり方があります。

たとえば、坐禅をする人は、一休禅師の坐禅についてのことばである、

「一寸の線香、一寸の仏、寸々積みなす丈六の仏」

をそのまま唱詩のなかに置くことができます。この一休のことばは、

「一寸の線香が尽きるほどの短い坐禅でも、

わずかな仏の心（＝坐禅）でも、

すこしずつ積み重ねていけば、

六尺の高さをもつ仏になれる」

という意味です。

やはり坐禅を勧める、つぎのようなことばが、関牧翁《せきぼくおう》（天竜寺派八代管長、自由奔放な禅者としての生き方で知られた）にあります。

「苦しい行《ぎょう》も早く飛び込めば、早く抜けられる」

怠け心を戒めることばですね。この二つをそのまま引用して、坐禅をしようとして怠けてしまう自分の心を叱咤激励する、自己暗示の唱詩をつくってみましょう。

怠け心を戒めることば

「一寸の線香、一寸の仏
寸々積みなす丈六の仏」（一休）

短い時間でも毎日瞑想をおこなえば、

それが積もりつもって、
将来、かならず大きな効果が生まれる。

「苦しい行《ぎょう》も
早く飛び込めば、
早く抜けられる」（関牧翁）

◎三、理由や根拠で説得力をたかめる

自己暗示のことばに対して、そのように考えることへの理由もしくは根拠を示すことができれば、その唱詩はいっそう説得力をもち、効果的となります。

自己暗示には、自分に対する説得力も必要です。たとえば、

「どんなに高齢になろうとも、創造的に生きていこう」

という考え方を唱詩にしたいとすれば、そういう考えの理由もしくは根拠を、

「人間の生命の本来の面目は、創造の生活である」という一文にして、その前にもってきてはどうでしょうか。すると、つぎのような唱詩ができます。

生き甲斐

人間の生命の本来の面目は
創造の生活である。

だから、
どんなに年齢《とし》をとっても
クリエイティヴに生きていこう。

そして
創造への意欲を

自己本位ではないような
気高い方向に定め
なにか人の世に役立つようなことを創造しよう。

右の詩のさいごの五行は、真ん中の三行の節に対して発展的なことばを加えて長くしたものです。ある程度の長さを詩にもたせて、構成のある唱詩をつくることが望ましいからです。

欧米諸国では最近、「アファメーション affirmation」という自己暗示の方法が流行しています。プラス思考を実現するために、一つのポジティブな文章を唱えるものです。これが私には物足りません。なぜなら、一文だけでは、結果として暗示のことばが単純すぎて、構成を欠いてしまうからです。組織化された構成のあることばによって、ものの考え方が確固たるものになります。

詩としての構成というものの理想を考えると、中国の漢詩の「起承転結」が参考になります。「起承転結」を念頭に置いて唱詩をつくると、組織的な構成のある、いい詩になるかもしれません。これはちょっとむつかしい注文ですが、たとえば、この本のはじめにお示しした「般若心経」からつくった私の唱詩（四十八ページ）は、偶然ですが、だいたい「起承転結」のかたちになっています。

◎四、比喩的な表現は想像力に訴える

唱詩には、比喩的な表現がつかわれることが望ましい、と思います。なぜなら、具体的なイメージのある比喩をつかうことで、想像力にアピールできるからです。自己暗示の唱詩は、人の想像力によってありありとイメージングできることが大切です。その例として、天風の誦句から二つを紹介しましょう。

「……この恐怖なるものこそは、価値なき消極的の考え方で描いて居るシミだ

らけな醜い一つの絵のようなものだ。否、寸法違いで書いた設計である。

……」

これは「恐怖観念撃退の誦句」と題されたものの一部です。傍線の部分が、効果的な比喩となっています。この比喩によって、恐怖観念というものの愚かさが強調され、イメージ化されているのです。

「……信念、それは人生を動かす羅針盤の如き尊いものである……」

これは天風の「信念の誦句」のなかにある一文です。

傍線部の「羅針盤の如き」という比喩によって信念の大切さがイメージ化されて、効果をたかめています。

◎五、唱詩の数を増やしていく

自分の人生観を確立するような、たくさんの唱詩を自家薬籠中《じかやくろうちゅう》のものとすることが、理想的です。二十、あるいは三十もあればいいかと思います。唱詩の数をふやすには、人生のさまざまな時点に唱えるとよいような唱詩をつくっていくことです。

たとえば――

・朝起きたときの唱詩
・寝る前の唱詩
・食事をいただく前の感謝のことば

などなど、です。

その一例として朝起きたときにとなえる唱詩をつくりましたので、つぎに示します。

朝起きたときの唱詩

私は今日一日だけを
できる限り楽しく生きよう。

家庭、仕事、運命には
自分のほうから適応していこう。
世界を自分の都合だけで変えようとはすまい。
ただ自分にいま与えられているものだけを
喜び、感謝して味わうことにしよう。

他人を批判するまえに
他人の欠点や失敗を忘れよう。
他人の良いところを見つけだし

それをほめてあげよう。

このようにして
今日一日がほんとうに楽しいものになる。

右の唱詩は、天風先生の講演をヒントにして、その趣旨を要約して書いたものです。
つぎに、消極的になっている自分を鼓舞するときの唱詩をつくりました。

消極的になったときの唱詩

消極的な観念が、私の心に生じたのは
悪魔が悪戯《いたずら》をしているからだ。
だから、この自責の気持ちを私は相手にしない。

自責の念は一時的な停電のようなものである。
大自然の力はつねに私の背後にある。
だから、私の心にかならず
光がふたたび灯る。

消極的な心はほんとうの自分の心ではない。
それはいつのまにか、私の潜在意識のなかに忍び込んだのだ。

消極的な心を、私は断然打ち負かす。
現象の背後には、大自然のいのちが存在する。
大自然はかならず私を守ってくれる。
だから、私の心の殿堂に消極的な心は
絶対に入れないのだ。

さらに、唱詩の数をふやすには、人生の問題の数ある項目に対して、一つずつ唱詩をつくっていくことです。項目とは、たとえば、勇気、理想、信念、感謝、健康、運命、生、死、愛……などなどです。例として「生と死」と題する私の唱詩を紹介します。

生と死

この世界はすべて生命《いのち》である。
動物、植物はもちろん、鉱物さえも生命をもっている。
この世界のすみずみまで隈なく大自然のいのちが存在する。
この世界の本質は、大自然のいのちだけである。
その大いなる生命の中に、自分の生も死もある。
その大生命の中で、死んでいくことが恐ろしいはずがない。

死ぬということは、
大自然の懐に抱かれることだから、
死は怖くない。

「生は無より有に入る。
死は有より入りて
さらに有なるものなり」

最後の三行は、中村天風の『安定打坐考抄』の中の一文を引用しました。死を恐れない心を自分にうえつけるために、天風の教えを念頭に書いたものです。

◎唱詩はいつ唱えたらいいか

唱詩は一日のいつ唱えたらいいか、について考えてみましょう。

唱詩の自己暗示のことばが心に深く浸透するためには、まず瞑想をおこなったあとがいいでしょう。なぜなら、瞑想のあとは、心が澄みきっていて、心の奥に入りやすいからです。天風は、瞑想をおこなった後、かならず自己暗示のことば（誦句）を唱えるように指導していました。

それから、朝起きたときも、心がまだなにも考えていない白紙のような状態ですから、自己暗示のことばが染み込みやすいといえます。さらに、就寝の前も、眠たくなって実在意識がぼんやりして、無意識の領域が表面に出てきていますから、暗示は無条件に無意識に入ります。

自己暗示の寸言は、一日中いつでもくりかえし自分にむかって暗示をあたえるのに適しています。

唱詩は、いつ唱えても、それなりの効果があります。すこしくらいならお酒に酔っているときでもいいと、私は思います。それが瞑想とは違うところです。

唱詩を、毎日朝夕の二回唱えるだけで、相当の効果があります。一ヵ月もすると、すっかり変わった自分を感じることができます。

◎唱詩を唱えるときの声

そんなに大きな声をはりあげる必要はありません。真剣な気持ちがあれば、つぶやき程度の声で十分です。ただ、自分の部屋にいて、周囲の人に迷惑をかけなければ、朗々と大きな声で唱えるのもいいでしょう。

ポジティブな唱詩の内容を自分の心の奥にぶちこんでやる、という意気込みが望ましいと思います。

まわりに人がいて、声を出すのが憚《はばか》られるときは、ただ書かれた唱詩を黙読するだけでもいいでしょう。

ただ、唱詩は暗誦するに越したことはありません。暗誦すると効果はさらに驚くべきものになります。私は恩師天風のつくった誦句はすべて暗誦しましたが、それらのことばを唱えると、まるでことばが地の底からわきでて、自分を力強く鼓舞してくれるように感じます。

自分の唱詩は、できたらすべて暗誦することを、おすすめします。

第五章

唱詩のつくり方（二）

◎人生観を確立する唱詩

自己暗示によって自分の心を鼓舞し力づけるような唱詩を、個々人がつくることをお勧めします。唱詩とは朗唱するための詩という意味ですが、朗唱といっても、自分の耳に聞こえる程度の「つぶやき」でいいのです。大声をはりあげる必要はありません。

自分の人生観をあらわすような、すこし長い唱詩をつくることも、必要だと思います。なぜなら、しっかりした人生観を確立することが、自分の信念を強固にし理想を現実化する、強い生き方の必須の条件だからです。そして、そのためには自分のことばをもつことが必要です。

短い暗示のことばには、速効性はありますが、それはいわば対処療法的です。短い自己暗示の寸言をもつことも必要ですが、たのもしい人生観を自分にうえつけるには、少し長めの唱詩をいくつかもつことが望ましい、と思います。

私たちは、なにかの哲学や思想に感銘しても、ただそれで終わっていないでしょうか。私はだれそれの哲学に共感している、とか、だれそれの思想を信じている、という人はたくさんいますが、その内容を正確に述べられる人はすくないようです。自分の信ずる哲学なり思想を、自分なりに要約し、自分にむかって毎日唱えてやると、それは確固たる自分の人生観になり、あなたを支えてくれます。

自分の信ずるものを自家薬籠中《じかやくろうちゅう》のものにして、自分の人生に生かすことが大切なのです。そこで、自分が感激したり共鳴したりした哲学なり思想をもとにして、自己暗示のための唱詩をつくる例を、次にいくつか示したいと思います。

◎高田明和『禅の名言』より

高田明和氏の『禅の名言』（双葉文庫）には、唱詩のヒントがたくさんあります。この本の中の名言についての高田氏の解説を一つひとつ要約すれば、たくさんの唱詩をつくることができます。『禅の名言』は、いわば唱詩をつくる材料の宝庫といえましょう。

高田明和氏については、第七章でくわしく述べますが、医学者でありながら、うつ病にかかり、その苦境の底から生還するのに、自己暗示の言葉を利用した貴重な経験をもっておられます。時代の先端をいく医学者であるだけに、仏教や禅についての解説にも、科学性や説得力があり、わかりやすく明快です。しかも、禅に関して、きわめて深い洞察の言葉が多くあります。

『禅の名言』に書かれていることの大部分には、私の恩師、中村天風の思想とほとんど同じと言っていいくらい共通するものがあります。

『禅の名言』のように禅や仏教について解説した本は無数にありますが、高田さんの本は出色の名著といえます。この本から、唱詩をつくることはきわめて容易なことです。

一例として、『禅の名言』の第一章を要約して、つぎのような唱詩をつくってみました。

本来の心

私たちの心は、本来どこまでも清らかで
永遠につづくものである。
この世の心配ごと、悩みごとはすべて
暗黒の海の底の泥からぶくぶくと浮き出してくる
……あぶくのようなものである。

本来の心にまかせて生きれば
何事もうまくいく。
私たちは本来、神、仏につながる偉大な心の持ち主である。

暗黒の海底の泥は無明である。
煩悩や妄想が本来の心をかくしているにすぎない。

だから、本来の心に従って生きていこう。
本来の心が物事を解決し
よい方向にいくように計らってくれる。

人を憎む心が起こったら
その念を継がずに
本来の清らかな心に戻って生きていこう。

◎中村天風の講話より

天風の講話や講演は、全部で七冊の書物になって出版されていますが、それらの話を、自分なりに要約して、唱詩をつくることは、容易で役に立ちます。「天風の本を読むと、元気が出るね」という人はたくさんいますが、それを漠然とした印象で終わらせないために、唱詩をつくるのがよいと思います。

天風の講話「大いなる悟り」(『運命を拓く』第五章)の内容を要約して、唱詩を作成してみました。

人の心の偉大さ

人の心は広大無辺である。
月を見て佇めば
心は見ている月よりも
さらに大きい。

「大いなる哉　心や
天の高きは　極むべからず
しかるに　心は天の上に出づ」

宇宙の創造者の属性とは
真《まこと》と
すべてのものに対する愛と
美しさである。

私が自分の心を
真《まこと》と愛と美で満たすとき
宇宙の創造者の無限の力が
心の中に入ってくる。

右の唱詩には第二節に、栄西の『興禅護国論』の序のことばを引用していま す。この唱詩は直接的な自己暗示のことばはなく、ひとつの宇宙観を述べただけですが、このようなものも、自分のものの見方を確定し、信念を強くするのに役立ちます。結局は自己暗示の力を応用していることになります。

つまり、唱詩はいろいろな長さのもの、内容的にもさまざまなものがあってよいし、人生のいろいろな局面に対して、あるいは、さまざまなテーマにしたがって、唱詩をもつことが、理想だと思います。

◎中村元『ブッダの真理のことば・感興のことば』より

中村元氏は仏教研究の権威で、解読できる人のすくない、貴重なパーリ語の仏典『ダンマパダ』を日本語に翻訳されました。これは、南アジア諸国ではいまでも伝承され、多くの仏教信者が唱えていることばの集大成です。漢語の訳としては「法句経《ほっくぎょう》」に相当するそうです。この本の中から、いくつか私の好きな言葉をピックアップして、テーマ別にまとめてつくったのが、つぎのような二つの唱詩となりました。

心に喜びを

すべてのものは、心によってつくりだされる。
汚れた心でつくりだしたものは、人を苦しめ、
清らかな心でつくりだしたものは、人を幸せにする。

人に恨みの心をもってはならない。
私たちは、現在ただいま、この場所で死ぬ可能性があるからだ。
熟した果実がいつも落ちる恐れがあるように、
生まれた人はいつでも死ぬ恐れがある。

一時といえども心を苦しめないように気をつけよう。
そして、つねに心に喜びをあたえてやろう。
この覚悟があれば、人と争うことはない。

心は動揺しやすく、制しがたいが、
心を制御し、安定を得る人は、恐れるものがない。

善と悪

この世で悪いおこないをした人は、来世で永遠に悔い悩むであろう。
この世で良いおこないをした人は、来世で永遠に歓喜するだろう。

悪いことをしても、その業《カルマ》は、
しぼりたての牛乳のように、すぐには固まらない。
その業はしだいに固まり、悪いことをした者につきまとう。

◎松原泰道『道元』より

松原泰道氏は、偉大な禅師として知られています。百一歳まで長生きされ、仏教に関する啓蒙的な多くの書物を著しました。氏には『道元』（アートディズ）という著書があります。そのなかに、道元の書いた『正法眼蔵』の一節が引用されています。つぎのような「生と死」の問題を述べたくだりです。

この生死《しょうじ》は、即ち仏の御いのちなり。これをいとひすてんとすれば、すなわち仏の御いのちをうしなはんとする也。これにとどまりて、生死に著《じゃく》すれば、これも仏の御いのちをうしなふ也、仏のありさまをとどむるなり。いとふことなく、したふことなき、このときはじめて、仏のこころにいたる。

これを松原氏はわかりやすく現代的な文章に訳しておられます。それをもとにして、自己暗示の唱詩をつくってみました。この唱詩は、私たちから死の恐怖をとりのぞき、勇気をあたえてくれます。

生死《しょうじ》は仏の御いのち

人間の、生きるの、死ぬのというは、
自分ひとりの生死ではなく、
宇宙の大生命とかかわりあっている。
だから、自分の苦悩から命をすてるのは
仏の御いのちを無にすることだ。
その反対に、自分の生や死に執着することも
大宇宙の意志にそむくことになる。
だから……生きているときは
精いっぱいに生き、
死に直面したときは、じたばたせずに、

宇宙の大いなる意志におまかせすることだ。

◎『超訳 ニーチェの言葉』より

白取春彦という方が訳された『超訳 ニーチェの言葉』(ディスカヴァー・トゥエンティワン)という本があります。多くの短いパッセージから構成されたもので、一つひとつ人によって受けとり方は違うと思いますが、共感する人が多いと聞きますので、そのいくつかをもとにして自分の気持ちを引きたててくれるような唱詩をつくってみました。

ニーチェは十九世紀のドイツの哲学者で、過去の多くの思想家を鋭く批判しながら、生の充溢を彼岸へと回収することを主張し神を否定しました。最近ニーチェを再評価する動きもあります。

自分を尊敬しよう

自分をつまらぬ人間だと思ってはならない。
それは自分の行動を縛ってしまうからだ。
自分を尊敬しよう。
私には、まだ実績はないが、
自分を人間として尊敬しよう。
自分を尊敬すれば、自然に良い行為をし、
尊敬される人間になれる。
人の手本となるような人間になるようにつとめよう。
この考えは私に力をあたえてくれる。
だから、まず自分を尊敬しよう。

（001）

私にも一芸がある

どんな人にも一芸がある。
私にもかならず一芸がある。
その一芸を見出すことにつとめよう。
くじけず、たくましく、
自分の本領をみつけるために、
果敢に挑戦していこう。（006）

職業の恵み

職業をもっていることは大きな恵みだ。
なぜなら、よけいなことを考えないで生きていけるからだ。

自分の心をよけいな考えで、いじめてはいけない。
自分の仕事に喜びを見出し、没頭しよう。
すると、心配事は自分から逃げていく。
（０４４）

心に喜びを

心に喜びを抱こう。
心にいつも喜びを持っていること——
これが人生で最も大切なことだ。
（０３３）
この瞬間を楽しもう。
自分が楽しまないと、周囲の人まで不快にしてしまうから。
すなおに笑い、
この瞬間を全身で喜ぼう！
（０３４）

◎イマヌエル・カントより

天風は、ネパールの山奥でヨーガの瞑想をしているとき、かつてフランス滞在中に読んだカント（ドイツの哲学者）の言葉が、思いだすともなく思いだされて、思索のヒントになった、と言っています。

天風の著作や講演にはカントがよく引用されています。帰国してからもカントをかなり読んだ形跡があります。とくに心の分類などは明らかにカントの分析方法から学んだものです。たとえば天風は人の心を分析し、霊性心、理性心、本能心などと分類しています。これは、考えの筋道をカントに学んだものにちがいありません。

そのカントに、よく知られた、つぎのことばがあります。

「思えば思うほどますます新たに強い感歎と崇敬の念をもって心を満たすものが二つある。それは、わが上なる星空と、わが内なる道徳法則である」

これはカントの墓碑銘に選ばれて、刻まれている有名なことばです。

カントのいう「道徳法則」とは、言い換えれば、「内面の良心の声を聞き、善なること、自己の義務を遂行すること」です。これらのカントのことばを冒頭において、カントの哲学を要約し、つぎのような自己暗示の唱詩をつくってみました。

良心の声

「思えば思うほどますます新たに強い感歎と崇敬の念をもって心を満たすものが二つある。それは、わが上なる星空と、わが内なる道徳法則である」

道徳法則とは、義務を遂行し自分の良心の声に耳をかたむけて生きることである。

私は自分の内奥にある良心の声に耳を傾けることにつとめよう。そうすることがもっと賢明で、後悔のありえない、正しい生き方であるからである。そして自分の良心にしたがって、勇気をもって生きていこう。

◎西田幾多郎『善の研究』より

仮にあなたが西田幾多郎の『善の研究』（岩波文庫）を読んで、その哲学に感銘を受けたとしましょう。『善の研究』の中につぎのような文章があります。

「苦痛の中にいてもなお幸福を保つことができる」

これだけでは自己暗示のための唱詩とはなりません。そこで、たとえば、

「だから、私は苦しみをもなお喜びとなすような強さを自分の心にもたせよう！」

といった、自分にむかって暗示をかける表現を加えます。

さらに西田幾多郎は同じ著作の中で、

「人生の悲惨――それあるがゆえに人生は貴い」

とも言っています。そこで、これをさらに先ほどの文章に加えてみます。ここに、ひとつの唱詩ができました。

苦痛や悲惨をのりこえる

私たちは苦痛の中にいてもなお、
幸福をたもつことができる。
だから、私は苦しみをもなお、
喜びとなす強さを自分の心にもたせよう!

人生の悲惨——それあるがゆえに人生は貴い。
悲惨をのりこえるところに、人生の栄光がある。
だから、苦しみをもなお楽しみにふりかえて、
人生を生きていこう!

第六章

ミアーズ博士の「リラックス法」

◎ことばの自己暗示を応用する

オーストラリアのエインズリー・ミアーズ博士Dr.Ainslie Mearesは、人を不安や苦痛から解放する画期的な方法をあみだしました。一言でいえば、それはことばの自己暗示力と、ヨーガの瞑想を組み合わせたものです。ミアーズ博士は、国際睡眠学会の会長でもありました。

ここでミアーズ博士の臨床経験を紹介するのは、ことばのもつ自己暗示力が、いかに効果的なものかということを、それが示しているからです。

博士はまず、ことばによる自己暗示が、心身をリラックスさせる効果があることに着目しました。人から不安や緊張をとりのぞき、精神を安定させるには、「リラックスして心を静かにさせる」ことが最も効果的であることを発見したのです。そして、そのためにことばの暗示力を応用することが、おどろくべき効能を示すことを教えています。

ミアーズ博士は、自分の創案した方法を、英語でrelaxing mental

exercisesと名づけていますが、この本では、覚えやすくするために、「リラックス法」と呼んでおきます。

ミアーズ博士は『Relief without Drugs（「薬を使わない精神安定」）』という著書の中で、まず「身体的な緊張と精神的な緊張には深い関係がある」と言っています。つまり、「心をリラックスさせるために、まず身体をリラックスさせる必要がある」ということです。そして、身体をリラックスさせるにあたって、ことばの自己暗示力を活用すべきだと、教えています。

ミアーズ博士の「リラックス法」は、身体を休めるということに関して、睡眠とは根本的に違う方法を採用しています。睡眠は身体を休めますが、不安や緊張をとりのぞくことには、決定的な効果はありません。しかし「リラックス法」は不安や緊張をとりのぞくのに、たいへん効果があります。リラックス法では、身体をリラックスさせてから心をリラックスさせ、心に深い静けさを味わわせるという、プロセスをたどります。

そして、心が深い静けさを味わっているときに、人ははっきりした意識を保っています。坐禅や瞑想を知っている人は、それは瞑想、坐禅と同じではないか、と思うでしょう。そのとおりです。しかし、私の考える瞑想とミアーズ博士の「リラックス法」とはかなり違います。

私が考える瞑想の概念は「心を空にした状態」もしくは「無我無念の境地」です。ですから、私の言う瞑想とミアーズ博士の「リラックス法」は似ているけれど、中身も方法も違います。ミアーズ博士の「リラックス法」は、自己暗示のことばを使うという点で、私の考える瞑想法とは違うのです。ただ、どちらの方法によっても、

・心を静かにする

・リラックスする

の二点で同じような結果が生じます。

不安や緊張の原因をつきとめる必要はありません。多くの場合、不安や緊張の原因は、いろいろな原因が複雑にからんだもので、正しく原因を解明することは困難です。「リラックス法」は、不安や緊張の原因と関係なく、不安をと

りのぞけます。この方法によって、心がおちつき、精神が安定し、周囲の現象に対する感じ方そのものが、清新なものに変わっていきます。

◎複雑思考と原初思考

人間は文明の進歩とともに複雑思考を学びましたが、人間の心は、現代でもしばしば原初の思考に回帰することがあります。原初思考とは、現代的な緊張からはなれた、素朴で批判のない思考です。このとき、人は不安や緊張から解放されています。「リラックス法」はこの原初思考の回復ということでもあります。

不眠だからといってトランキライザー（精神安定剤）を服用する人がいますが、それは緊張のために生じる不眠に対して不安を感じるからです。しかし、トランキライザーは一時的には眠りにさそってくれますが、「緊張→不眠→不安」の連鎖反応を断ち切ってくれるわけではありません。

しかも、トランキライザーには恐ろしい副作用があり、長いあいだ服用すると、最悪の場合は、人の精神機能を破壊してしまう虞《おそ》れがあります。それに比べて、原初的なリラックスした精神状態を体験することは、きわめて自然なことですから、副作用もなく、不安や緊張を消してくれるのです。

文明の急速な発展にともなう人々の複雑思考の習慣化のために、人は自己の内なる自然を失い、リラックスする技術を忘れてしまったのです。ミアーズ博士は「リラックス法」によって、多くの人々を不安や緊張から救った実績があります。そのなかには有能な実業家もたくさんいます。

実際、事業や研究の先端で活躍している事業家や企業戦士とよばれる人ほど、緊張からくる不安やいらいらの精神的な負担に苦しんでいるのです。彼らは一見健康でエネルギッシュに活動しているようにみえますが、心の中ではたえず緊張からくる不安を強く意識していて、ときには精神的な危機さえ感じているものです。

◎ミアーズ博士と実業家たち

ミアーズ博士のところへ相談にきた有能な実業家たちは、最初「リラックス法」についての説明を聞いたとき、その実行に抵抗を示しました。なぜなら、緊張こそが、彼らが事業に成功してきたカギだと思いこんでいたからです。ミアーズ博士はまず彼らに「緊張は不安を生むものであり、不安がさらに高じると、恐怖の感情までひきおこす」ということを教えました。そして「リラックス法」の効用を諄々《じゅんじゅん》として説かねばなりませんでした。さらに、仕事のときは、緊張はある程度避けられないけれども、ときどきリラックスすることによってこそ、人間の能力はたかめられることを納得させました。

ミアーズ博士に説得されて「リラックス法」を実行した実業家たちは、たちまち心の健康を回復し、緊張や不安がなくなり、いらいらすることが減り、周囲の人に人間的な優しさを示す余裕まで出てきたそうです。

◎「リラックス法」の実際

そこでミアーズ博士の「リラックス法」の具体的な説明をします。「リラックス法」はきわめてシンプルで易しいものです。そのためその真価を見失う人も多いのです。「リラックス法」は、あまりにも簡単で易しく思われるため、その方法の価値を説得することがむつかしい、と博士は嘆いています。「リラックス法」にはいくつかの段階があり、その第一は、椅子にすわって、次のような自己暗示のことばを自分に投げかけることからはじまります。

リラックスするのはよいことだ。
リラックスするのは自然なことだ。
リラックスは心を静めてくれる自然な方法だ。

右のわずか三つのセンテンスを、ゆっくりと自分に言い聞かせながら、全身の筋肉をまずリラックスさせます。全身がリラックスすることによって、心もリラックスしていくことがわかります。そして、本来の自分がよみがえってくるのを感じます。さらには、自然で新鮮な反応力が回復してくるのを感じます。そこで、つぎの段階にすすみます。

◎リラックスの第二段階

次の段階では、次のような自己暗示のことばを使用します。

私のからだは安らかである。
私はその静けさに包まれている。
私はなにも考えていない。

こうして全身の力を抜くことで、解放されたくつろいだ気持ちが出てくることを味わいます。そのつぎに全身のくつろぎのなかから、自分の心が静かになっていく感じをつかみます。最終的な目標は、この「静かな心」に達することです。心をリラックスさせると自然に、静かな心が生まれてきます。

このとき、いろいろな雑念がわいてくるのは、すべての人に共通する悩みです。そのとき、その雑念を相手にせず、雑念のはたらくままにしていると、たとえ雑念が消えなくても、やがて雑念が気にならなくなり、心はあくまでリラックスして静かな状態が感じられるようになります。こうしてはじめて、人は完全に不安や緊張から自由になれるのです。

◎リラックスの第三段階

次の段階は、瞑想の境地にいくらか似ています。この段階での自己暗示のことばは、私はリラックスしている。
私の全身がリラックスしている。
リラックスして、しかも静かだ。
心も体もシーンとして、静かだ。
私の心は静かだ。

「静か」ということばが三回くりかえされ、強調されています。この静けさこそ瞑想の求める境地です。ですから、「リラックス法」は心の平安にいたる自然な道筋でもあります。不安や緊張をふつう以上に感じた場合、私たちは精神安定剤などを服用することなく、自分の力で克服したいと思うものです。そして、自分の心の奥にある自然が、「すわって、リラックスせよ」と命ずるのを感じるものです。
ところがここに大きな問題がでてくるのです。人によって、あるいは場合によっては、リラックスできないときがあるということです。前述しましたが、複雑な文明的発展によって、この単純きわまりないリラックスという、生物的原始的方法を私たち現代人は見失ってしまっているのです。

ミアーズ博士の「リラックス法」は、およそ四つの段階をへて、心の健康はもちろん、それ以上の「精神力の開発」をめざしています。

◎「リラックス法」の最終の第四段階

ミアーズ博士は、さらに「リラックス法」をつづけていくと、心がなにも考えない状態に達するとまで言っています。これは私の言う瞑想の境地です。そしてさらに心の内奥から力がわいてくるのを感じるというのです。この最終的な、究極のレベルに達するための自己暗示のことばは、次のようなものです。

私はいま、くつろいでいる。
全身の筋肉はリラックスしている。

静けさに私は包まれている。
私は落ち着いて心静かである。
この静けさが、私に力を与える。
内からわいてくる力、
私はその力を感じている。

この最終のレベルでは、「力」がわいてくることを強調しています。自然な健康を回復する以上に、新しい生命力がわいてくるというのです。これは天風式の瞑想を想起させます。ただ違うのは、ミアーズ博士の方法は、ことばの自己暗示をおこなっているということです。

そして、博士のリラックス法の四つの段階は、一つひとつの段階に、何日か時間をかけて、最終の段階にいたるには、何週間、何ヵ月かを必要とします。

◎自己暗示のことばは自由に変えてよい

ミアーズ博士の教える自己暗示のことばは、各人の志向、性向、希望、状態によって、自由に変えてよい、と博士自身が言っています。各人が自分に適合すると思う自己暗示を工夫したらよいというのです。博士はまた、「リラックス法」は、不眠、嫌悪症、無気力、ぜんそく、神経性のアレルギーや症状に効果がある、とも言っています。そしてそれらの病気と「リラックス法」の応用のしかたを博士は詳細に検討していますが、ここでは省略します。詳しく知りたい方は、この章の最後に記す博士の英語の著作を読んでください※。

ミアーズ博士はインドでヨーガを研究されました。博士の「リラックス法」がすばらしいのは、言語の自己暗示力をヨーガの瞑想法に結合させ、ユニークな方法を創出した点にあります。ことに欧米の人に受け入れやすく、実行しやすい方法になっています。欧米の伝統的な文化では、ヨーガの瞑想や坐禅のような坐法は、身体的な抵抗や苦痛があります。日常いつもイスやソファーに腰かける生活習慣があり、平らな場所に脚を組んですわるということが、実際むずかしいからです。

また、インドや中国、日本、その他のアジアの諸国では、「一見否定的でありながら、肯定的なことば」が、好んでよくつかわれます。たとえば、無我、無念、無想……など無数にあるわけですが、欧米の人には、これらは理解しがたいコンセプトなのです。

無我、つまり「我なし」という概念はありえないことだと思ってしまうのです。無我を「自分が存在しない」と直訳してしまうと、欧米の人は抵抗を感じます。

欧米に禅やヨーガを伝える学者たちのことばを直訳しすぎる傾向が、欧米の人に理解されにくい要因の一つです。「無我」というときの「我」は「われ」の意味ではなく「雑念」とか「執着」という意味です。だから、「無我」ということばを英語に訳す時に、no self などと訳すと、誤解を生むもとになります。

むしろno obsessionsとかno attachmentsと訳すとわかりやすいでしょう。さらに、ある優れた翻訳家は、「無我」を、思いきってreal selfとかtrue selfと訳しております。正反対のように思う人がいるかもしれませんが、このほうが理解されやすく、しかも内容的に真実に近いと私は思います。なぜなら、「無我の境地にいたる」とは、「自分がなくなる」のではなく、「真の自己real selfに目覚める」ことだからです。

※ミアーズ博士の当該の著作『Relief without Drugs』は、一九六七年ニューヨークで初版が出版され、一九九四年にロンドンのSouvenir Pressからペーパーバックで再版されています。

第七章

高田明和博士の「言霊療法」

◎人はちょっとしたきっかけで「うつ病」になる

高田明和氏は、『うつ克服の最強手段　言霊療法』（日本放送出版協会）という、すばらしい本を書いておられます。

これはうつ病のみならず、現代人に共通のうつ病的傾向への処方箋として、「言霊《ことだま》療法」なるものを提案した、衝撃的な著作です。高田さんの言霊療法は、私たちの病める現代社会に対しての福音であり、救済の鐘の音でもあります。たとえうつ病でなくとも、心ある人には、ぜひ読んでほしい本です。なぜなら、わが国には数百万人ものうつ病に悩む人がいるばかりか、このストレスの強い社会では、だれもがちょっとしたきっかけから、うつ病におちいる可能性をもっているからです。さらに言えば、現代人はだれでも、ある程度うつ病的性質を抱えているものだからです。

高田さんの「言霊療法」は、クスリを使わないで、ことばの自己暗示力を応用して、うつ病を克服する画期的な方法を示しています。

高田さん自身、「うつ病」を体験されています。

高田さんは慶応大学医学部の博士課程を修了して、一九六八年ニューヨーク大学のガン研究所に留学、助教授になられました。日本に帰ってからの就職口をさがしているときに、郷里・静岡の県立医科大学の教授のポストが提供され、一九七五年に帰国されました。

ところが高田さんは、ちょっとしたきっかけでうつ病になってしまわれました。高田さんは以前から禅に関心をもっていたことと、新しい仕事の出発にあたって考えるところがあり、禅のお坊さんに会って、いろいろ話をされたところ、その禅のお坊さんに「邪念のある人間はダメだ」ときびしく言われ、高田さんは「自分には邪念というものがある。教授として学生に教える資格が自分にはあるだろうか」という疑念にとらわれてしまいます。それが、高田さんがうつ病になるきっかけだったのです。

高田さんは、博士課程を修了してから、七年間アメリカの大学で研究職にあった方ですから、帰国されたとき、年齢は三十半ばだったと思います。教壇に立って学生の指導をする仕事というのは、かなりの緊張を強いるものです。私自身、四十六年間英語教師をしましたが、大学を出てはじめて高校の教師になったとき、強い緊張がありました。大学の教師になって後、外国で一年間日本語を教えることになったときは、その前夜、精神的な危機に見舞われました。

この体験は、私に「まだおまえは、人間ができていないぞ」と鋭く反省を強いるものでした。そして真剣に天風先生に習った瞑想を勉強しなおしたのです。また、帰国後京都大学の講師の仕事をひきうけて教壇に立ったときも、不安で前の夜は熟睡できませんでした。ただ、一度教室に入って学生たちに三十分も話をすると、あとは不思議に落ち着いて、安心してしまったのですが。

◎高田さんの貴重なうつ病体験

高田さんの場合、「教授として、学生を指導する資格がほんとうに自分にはあるだろうか」という自己批判的な疑念が頭にこびりつき、何事にも集中できなくなってしまいました。まじめな人ほど、このような疑念、自信のなさは深刻です。これがしだいに高田さんの心を追いつめていきます。「ものが言えなくなり、体が動かなくなった」と高田さんは書いておられます。

しかも、そのとき高田さんはすでに結婚して、奥さんと四人の子供さんがありました。生活上の経済的なプレッシャーもあったことでしょう。そして、「酒で気を紛らわす日々」がつづき、酔いがさめると、ベッドの上で悶々として眠れぬ夜がつづくようになります。不眠から「不安が湧き出て」はじめは脳で感じていた不安が、「お腹、特に丹田で感じられる」ようになりました。これは深刻な事態です。

そして、高田さんは「大学を辞めたい」と考えるようになり、奥さんと激しい口論になります。奥さんは、気でも狂ったかと思われたことでしょう。同時に、「高田は精神が異常になった」という噂がひろまり、友人がはなれていき、孤独の苦しみを味わうことになります。

高田さんはついに、精神科の医師の診断をあおぐことを決心します。医者は精神安定剤を処方してくれました。ところが、そのクスリをのむと「頭が真っ白になった気がした」そうです。さらに「足元がふらふらし、まるで老人が歩いているような気がした」そうです。高田さんは精神安定剤の服用を中止しました。

クスリの影響で、高田さんは、趣味だったピアノもひけないほど、指先が動かなくなりました。「自分が別人になったような気がした」そうです。自分が自分でないとはどんな気分でしょうか。たいへんつらいものだと思います。

ついに、自分は「教授として学生に教える資格はない」「医学者としての知識のみならず、色々な人と付き合えるほど立派な人間ではない」と思い、「もう一度医学部を受けなおし、学生になって勉強をやり直そう」とまで考えるようになったのです。それを聞いた奥さんの驚愕は、たいへんなものであったろう、と思われます。

高田さんは、教授のポストに対する辞表を書き、大学の副学長に提出しようとします。幸い、そのとき副学長はオフィスに不在で、辞表を手渡すにはいたりませんでした。

当時、高田さんは、仏教の因縁の法則を信じていて、「私はなにをしても不運で、助からぬ」と思いこんでおられたようです。うつ病はひどくなると、自信、自尊心がなくなり、思考がとまり、ものも言えず、体が動かなくなってしまう、と高田さんは書いておられます。これはまさに生き地獄です。

◎自己暗示のことばに救われる

高田さんは、自分には破滅が待っているだけだ、と思い、その地獄のどん底で、ある朝、顔を洗っているときに、「天啓のようにひらめいたことば」がありました。「自分は大学でも学界でも生きていけないのではないか」という思いがこみ上げてきた、その刹那、

「困ったことはおこらない」

「すべてはよくなる」

ということばでした。この二つのセンテンスを唱えよう、という考えがひらめいたのです。そして、この自己暗示のことばをくりかえし唱えていると、まるで「頭の中に貼りついている膜でもはがすように、バリバリという音がする感じがした」そして「周囲が明るく感じられた」と、高田さんは回顧しています。

高田さんは、さらに、

「過去は思わない」

ということばを右の二つに加え、三つの「金言」をくりかえし唱えると、「長いながいトンネルの出口が見えた」そうです。

その後高田さんは、うつ病を克服し、うつ病をなおす療法の大家となり、世間から高い評価を受けるにいたります。

ある日、ラジオで女優の小林千登勢さんと対談したあと、彼女から、

「先生は本当にお元気ですね。顔からオーラが出ています」

と言われたそうです。そのとき高田さんは、はっきりと「うつ病から治っ

た」と宣言されたのと同じだ、と思われたそうです。

◎「言霊療法はなぜ科学的か

高田さんは、言霊療法は「うつ病」を治す科学的な方法だということを、くわしく脳科学の知識をもとにして、説明されています。そして、抗うつ剤は、いろいろな副作用がある、と警告しています。どんな副作用があるかというと、疲労、性的不能、焦燥感、ときには自殺願望などです。

高田さんが言霊療法は科学的だとされる根拠は、自己暗示のことばが、脳の中で、ミラーニューロンを活性化する、という事実です。ミラーニューロンというのは、たとえば、スキーを習うときに、インストラクターが手本を示して滑っていくとき、その微妙な体の動きを、鏡のように脳の中に映しだし模倣する神経です。習う人は、そのミラーニューロンという神経の働きによって、インストラクターの行動を模倣して、不思議なほどうまくスキーが滑れるのです。

ことばもミラーニューロンの活性化によって、そのことばの内容を身体的に映しだし、現実化できるのです。「私は元気だ！」と自己暗示のことばをかけると、ミラーニューロンはそのことばを鏡のように映しだし、身体がはずむように元気が出てくるものです。

人の感情は、考え方によって、プラスにもマイナスにもはたらくものです。だから、ポジティブな考え方をもつと感情もポジティブになりますが、ネガティブな考え方をもつと、感情もネガティブになります。

ですから、自分を苦しめているネガティブな感情に気がついたら、それを生みだしている自分の考え方を検討し、その自分の考え方に反論してやればいいのです。その反論を、自己暗示のことばとして使用すれば、効果があります。

具体的には、「自分はダメだ」という暗いネガティブな感情に自分が苦しんでいるということに気がつけば、なぜ自分はダメだと感じているのか、と考えなければなりません。もし、「自分はダメだ」と思うのは、「会社のプロジェクトで、自分が判断ミスをして、上司から叱責されたから」であれば、それに反論してあげましょう。たとえば「イヤ、だれにでも失敗はあるのだ。失敗は成功のもとというではないか。私にも可能性はあるのだ。自分はダメじゃない！」というふうに。

これが、自分を励ます自己暗示のことばとして有効なのです。ただ漠然とそう考え直すのではなく、はっきりとことばで表現し、メモに書いて、日に何度も自分にむかって自己暗示をくりかえすといいのです。かならず事態は好転します。

人それぞれ、その人の事情や状況によって、効果のある暗示のことばがあります。どんな自己暗示のことばが自分に有効かを見出す必要があります。有効かどうかの判定はきわめて簡単です。そのことばを自分にむかって言ってみて、明るく朗らかに感じられ、心が鼓舞されるかどうかです。

私は、高田さんの例の三つの「金言」を学んで、このことばを自分にむかって毎日言うように心がけていますが、私にとって最も有効と感じられることばは別にあります。それは、

「笑え、頬笑め、生きてるぞ、生きてるぞ！」

　ということばです。

　実は、このことばは、恩師天風先生自身がなにかに落胆を感じたとき、ご自分に言われた暗示のことばです。先生は一度も「あなたも真似してやりなさい」とは言われませんでしたが、私は先生の真似をして、この暗示のことばを唱えると、たちまち心が明るくなり、励まされるのを感じます。

　人はそれぞれ違った環境、性格、履歴をもっていますから、効果的な暗示のことばは人によって違います。また広く多くの人に有効な暗示のことばもあります。天風先生と私とは、環境も、性格も、履歴もまったく違うのですが、私は同じ暗示のことばに強く反応し、その効果を感じることができます。

「笑え、頬笑め、生きてるぞ、生きてるぞ！」という自己暗示の寸言は「生きている」ということが、人間の第一本能であるから、効果があるのです。食べること、異性と交わること、眠ることが人間の三大欲望と呼ばれていますが、その前に「生きてこの世にある」という生存本能こそが真の第一欲望のはずです。この欲望が満たされているとき、幸せを感じ感謝すべきなのです。生存していればこそ、三大欲望も追求できるのですから。

しかも、生きている限り生存の欲望はいつでもみたされているのです。この喜びが「笑え、頬笑め、生きてるぞ、生きてるぞ！」という暗示のことばには表現されています。どんな不幸や病が自分の人生にあろうとも、「いま、現に生きている」から、私たちは幸福なんです。

こんな話があります。死刑の施行を明日にひかえて、ある囚人が書き残した手記にあった実話です。この囚人は独房の中で、壁をつたって動いている一匹の虫を見て、こう思いました。

「ああ、おれは明日死刑になって、この世とおさらばだ。この虫のようなちっぽけな存在でもいいから、この世に生き残りたいものだ。ああ、この虫が羨ましい」

生存こそが人間の第一欲望だという、悲痛な叫びです。これが人間の生の真実なのです。「いま生きている」という貴い事実を想えば、どんな不満もありえません。この暗示のことばを唱えるとき、ふつふつと生きる喜びがわいてくるではありませんか。

いろいろなポジティブな暗示のことばを試してみてください。しばらくの間ためしてみてはじめて、その効果がわかる場合もあります。一回や二回で即断するのはよくないでしょう。

私の妻は、若い頃から心身ともに健康で芯の強い女性ですが、私とともに天風先生の直弟子になりました。彼女が最近私に、実は秘かに、

「私はうれしい。私は楽しい！」

という暗示のことばを自分にいいきかせていた、と打ち明けました。この彼女のことばは、私には、正直なところあまり胸にピーンとくるものはありませんでしたが、彼女にとってはそれが合っているということなのですから、それでいいのです。

◎ことばには脳を変える力がある

高田さんはこう言っています。

「ことばには、脳の働きを変える力があり、脳科学で言えば、ドーパミンなどの神経伝達物質の放出を変える力がある」

ドーパミンというのは、人に快楽を感じさせる物質です。また、ことばというものは、「神経同士のつながりであるシナプスを変化させ、つながりを強めたり弱めたりして、脳の働きを変えることができる」とも、高田さんは、書いておられます。

ことばには脳を変え、心を変える力があるということですね。

先述した「困ったことは起こらない」という暗示のことばにたいして、こんな反論をする人があります。

「人生にはかならず困ったことも起こるのだから、それはウソじゃありませんか」

こんな反論をする人は頭の鋭い人かもしれませんが、うつの本質をご存じないのだと思います。うつの人は「私の人生には困ったことばかり起こる」と思い込んで、憂鬱になっているわけです。これがうつの本質なんです。ですから、「困ったことばかりが起こる」という考え方を粉砕するために「困ったことは起こらない」ということばをあえて使うのです。

「すべてはよくなる」

という暗示のことばについても同じことが言えます。

宇宙の絶対的な実在の世界から、この現象世界を観ずれば、真実「困ったこと」などありえないのです。「困ったこと」というのは、人間の相対的な色づけにすぎません。現象の背後にある、見えざる実在の、霊的な世界では「すべてはよくなる」のです。

仮相の世界にとらわれていると、困ったことばかり起こり、なにもかも悪くなっていく、というネガティブな暗い見方になってしまうのです。考え方をポジティブに転換させると、すべてがよくなっていく、と実感できるのです。

人生の現実においては、困ったことはつぎつぎに起こるものです。

その困ったことをのりこえて克服していくところに、人生の醍醐味もあり、爽快感があるのではありませんか。だから、困ったことが起これば、それを心の糧とすべきです。

試練をのりこえるところに、真実の喜びがあるのです。

試練をいかにのりこえるか。その答えを天風はいろいろな方法で教えているのです。ですから、ほんとうに困ったときこそ、瞑想や自己暗示を真剣にやれば、どんな困ったことも自然に消えていくものです。

第八章

言霊について考える

◎言霊というこ とばの変遷

私は「言霊《ことだま》」ということばの意味を「ことばのもつ大きな暗示力」ということに限定して、この本を書きました。言霊ということばが、戦時中、狂信的な国家神道や軍国主義の人々によって、便宜的に使われた悲しい時代がありました。その結果、言霊ということばを使うだけで、民主主義の成長に有害だと思う人がいるからです。そうでなくても、人によっては、言霊という古いことばそのものに抵抗があるようです。

言霊ということばは、時代の変遷のなかで、多くの学者によって、特異な思想により特殊な意味づけがなされてきました。江戸時代の国粋的な国学者たちは、神秘思想を反映して、「日本語は、神のつくった、人智をこえた神秘的なものである」と定義しました。

さらに、太平洋戦争中は、そのような神秘的な言霊観が国家神道とむすびついて、神憑り的な国粋主義の象徴となり、国民を戦争に駆り立てました。言霊に誤った色づけがなされたのです。

また、人々が言霊という概念に刺激されて「ことばの威力」を過大に感じるあまり、迷信的なことばの習慣が生みだされた、という説があります。たとえば、四という数字は「死」を連想させるので縁起が悪いといった類のことです。

私はそういった迷信的なものや、特殊な思想によって色づけされた言霊の概念を排除して、言霊ということばを使用したいと思います。つまり、言霊の原義である「ことばのもつ驚異的な暗示力」という意味にたちもどって、言霊という表現を使いたいと思うのです。

そして、現代において、言霊をポジティブな意味でつかっている人を援護したいのです。たとえば、高田明和氏の『うつ克服の最強手段 言霊療法』や『言霊力』(春秋社) といった、すぐれた著作に見られる、ことばの用法を支持したいと思っています。

私はこの章で、言霊という言葉の歴史をたどり、言霊に付加された、誤った色づけを明らかにし、誤りの原因を明らかにします。そして、言霊の本来の意味、つまり「ことばのもつ大きな暗示力」という意味を、もういちど確認したいと思います。

◎柿本人麻呂の言霊

日本ではじめて言霊ということばが文献に登場するのは、『万葉集』の中の柿本人麻呂の和歌だと考えられています。人麻呂はつぎの歌の中で言霊ということばを使用しています。この歌は、外国（朝鮮半島か中国）に旅立つ官人の使節に別れを惜しんでつくられた歌です。日本は言霊の国だから、自信をもって、幸せな旅をしてください、と詠《うた》っているのです。

葦原《あしはら》の　瑞穂《みずほ》の国は　神ながら　言挙《ことあげ》せぬ国　然れども　言挙ぞ吾がする　事《こと》
幸《さき》く真幸《まさき》く坐《ま》せと　恙《つつが》なく　幸《さき》く坐《いま》さば　荒磯波《ありそなみ》　ありても見むと　百重波《ももへなみ》
千重波《ちへなみ》にしき　言挙すわれは　言挙すわれは

反歌
磯城島《しきしま》の大和の国は　言霊の助くる国ぞ　真幸《まさき》くありこそ（巻十三）

右の歌の大意はつぎのようなものです。

「日本の国は神の国です。ですから神のことばを大切にして、人はことばを慎み、言挙《ことあ》げをしない国です。しかし、今日あなた方をお送りするにあたって、私はあえて言挙げをせずにおれません。お幸せに、と言わずにおれません。もしも、ご無事に旅から戻られたら、またお会いしたいものだと、言わずにおれません。百の波、千の波が寄せては返すように、私は幾度も言挙げします。わが日本の国は言霊が人を助ける国です。どうか旅に出る皆さん、お幸せに！」

この人麻呂の和歌に、言霊という単語のもつ意味の原点が示されています。

つまり、人麻呂にとって言霊とは、「ことばのもつ霊的な威力」という意味です。現代風に言い換えれば、「ことばのもつ驚異的な暗示力」ということです。

この歌で、人麻呂は、外国へ行く朝廷からの使者たちを励ましています。日本は文字のない国だけれど劣等感をもたないように、と念じています。文字はないけれど、言霊が人を助ける国だから、それを誇りにして、外国に行っても臆することのないように、と祈っています。

人麻呂は、日本は神の国だ、とも言っています。遠い万葉の時代を想像すれば、それは、後代の偏狭なナショナリズムとは違う、すべての人が共有する素朴な信仰であったのでしょう。

右の和歌では、くりかえし「言挙げ」ということばがつかわれています。この「言挙げ」の意味は、「ことばに出して特に言い立てる」と、『広辞苑』は定義しています。「言挙げ」は、言霊思想と深い関係があります。言霊とは「ことばのもつ霊的な威力」ということですから、それゆえにこそ、ことばを慎まねばならぬ、ということになります。万葉人は子供に「言挙げするな」と教えたのでしょう。

◎日本人の議論下手の原因

こうした言霊思想がいまでも日本人の深層意識の中に生きているため、日本人は議論が下手なのだという意見がありますが、「ことばを慎む」ということと「議論下手」ということを結びつけてしまうのは、あまりにも短絡的です。なぜなら、ことばを慎んで使うほうが、効率的な議論ができるはずだからです。あまりにも強くことばに出して言い立てると、かえって議論は混乱してしまいます。

ただ、日本で、政治や社会について議論するのは非常にむつかしいと、私も感じています。英語で議論するときは「互いに別の人格であれば、意見が違ってあたりまえ」という確固たる前提があり、議論することは、まるでテーブル・テニスをしているように愉快です。相手のことばに反論すると、向こうもまた反論して会話が活発になり、議論を楽しむことができます。

ところが、日本では、親しい友人同士でも、ひとたび政治などの議論になって意見が異なると、なんとも言えない白けた雰囲気になってしまいます。

しかし、日本人の議論下手は、言霊信仰が原因というよりは、日本に伝統的な集団主義的な傾向――グループ志向――と密接な関係があるように、私には思われます。

国民の大多数がある一定の方向に進んでいくとき、それに反論することはきわめてむつかしい、そういう精神風土が、この国にはあります。日本は、長い歴史をとおして島国という孤立性のなかで、独特の文化を形成してきました。私たちは、狭い孤立した国土で、ホモジーニアス（均一的な）国民性を醸成し、みんな同じような考え方をして生きてきたのです。

おなじ島国でも、イギリスはヨーロッパ大陸との距離も短く、日本ほどの島国性はありません。ヨーロッパでは、長い歴史をとおして、文化の違う民族や集団がはげしい闘いを体験してきたので、いろいろな思想や哲学、宗教が生まれ、議論を闘わせる伝統があります。

『源氏物語』は日本を代表する文学ですが、登場人物たちの行動の規範はしばしば「世間の評判」です。主人公の光源氏が、好きな女性に手を出そうか出すまいかと躊躇するとき、いつも「世間がなんと言うか」ということを思って惑います。

いまでも、日本人が自分の行動の善悪の判断をするとき、多くの人が「世間でどう思われるか」という意識を強くもつのではないでしょうか。世間というのは、不特定多数の意見の漠然たる集約です。そして、その世間だけを意識して行動するならば、議論の必要はなくなります。

日本人が議論下手なのは、言霊信仰に因《よ》るわけではなく、右に述べたような国民性に大きな要因があると、私は思います。

◎「言論の自由」と言霊

日本では言論の自由があるようで、実は、言論が自由におこなわれることがむつかしい、と言われます。言論の自由が日本でおこなわれにくいのは、「意見」が「願望」と混同されるから、と作家で歴史研究家の井沢元彦氏は指摘しています。これはたしかに正しいと思います。

太平洋戦争のはじまる前、経済力や軍事力を示す科学的なデータを用いて日米の経済力を比較したうえで、戦争に反対した人がいました。それでも、その人は、「おまえは日本の敗戦を願望しているのか！」と非難されました。全国民が国をあげて戦おうというときに、日本のみじめな敗戦を憂えるとは何事か、といったところでしょうか。つまり、科学的根拠を示しながら意見を述べたのに、非国民的願望として批判され、一蹴されてしまったのです。

かくして、日本は太平洋戦争中、言論の自由を抹殺し、破滅の終局へとまっしぐらに突き進みました。あのときの集団的ヒステリーに陥るような国民性は、いまもあまり変わっていないと思います。敗戦後、国民はおおいに反省しましたが、議論の仕方について再考することはなく、戦争をくりかえさないというう強い決心をしただけでした。

一九六〇年の安保反対闘争のとき、国を軍事的に守るためにアメリカと条約を結ぶことは戦争につながると多くの人が恐れましたが、条約の条項一つひとつについての、十分な議論がおこなわれませんでした。

当時私は大学三年生でしたが、クラスで何回か討論がありました。そこで私は、安保条約の具体的な内容について意見を述べはじめました。すると、多くのクラスメートから「おまえは戦争をくりかえしてもいいというのか！」とか「おまえはアメリカの味方なのか！」といった、議論の内容と関係のない、罵詈雑言の嵐を浴びてしまいました。私は安保条約の内容について議論したかったのですが、冷静な議論はついに一度もなされませんでした。

しかし、あの頃のクラスメートがすべて言霊信者だったとは思えません。ただ全体が安保反対で一致しているときに、それに疑問を呈するような議論は冷静におこなうことがむつかしかったのです。少数意見を抹殺するような、集団主義的な力学が、日本のあらゆる集団のなかに、戦時中と変わらず、いまも存在しているのではないでしょうか。

つまり、日本人には、少数者の意見を尊重することが下手な、集団主義的傾向があります。しかし、それが言霊信仰に起因するものだとは思えません。日本には、議論そのものがやりにくい風土、文化、伝統があります。

◎言霊信仰と関係のない「ウソ」

時枝誠記《もとき》という現代日本の有名な国語学者がいます。東京大学の教授をつとめ、「時枝文法」というものを創始し、戦中戦後をつうじて、日本の国語学界に大きな影響をあたえた人です。彼は、言霊信仰について、つぎのような定義をあたえています。

「言霊の信仰とは、我々が発する言語には精霊があって、その霊の力によってその表現の如くに事が実現すると信ずることである。『雨降る』といへば、これを言ふことによって『雨降る』という事実が実現すると考へる。不吉な言を発すれば、そこに不吉な事が現はれるのである」(『国語学史』)

私たちが言霊について考えるとき、この後半の部分が問題です。「雨が降る」というような自然の現象まで、人間のことばが変えてしまうというのは、あまりにも非科学的です。ここには古代人の迷信的願望がふくまれています。

古代の人々はことばの威力を過大に評価して、「雨が降る」と言えば、「雨が降る」のではないかと考えたかもしれませんが、科学教育をうけた現代の私たちまでが、そのように考えなくていい、と思います。

つぎのような話が、言霊信仰の例だという人がいます。

「ある会社の運動会がちかく開かれることになりました。運動会の嫌いな社員Aが『雨が降ればいい』と言いました。すると、運動会の当日、ほんとうに雨になってしまいました。運動会の好きな社員Bが『Aさんが、雨が降ると言ったから、雨が降ってしまったじゃないか』と怒りました」

この社員Bは、言霊を信仰しているからそう言ったのでしょうか。私にはそうは思われません。社員Bは不愉快だったから、怒りの表現として「Aさんが、雨が降ると言うから、雨が降ってしまった」と言ったのでしょう。

「雨が降る」ということばを口にすると雨が降ると、社員Bが信じていたのなら、Bさんはよほど科学的な思考のできない、愚かな人ということになります。しかし、一般的に、不愉快を感じたとき、人はわざと非科学的なことばを使って、怒りの感情表現をするものです。

たとえば、つぎのような話をどう思われますか。

「ある人がお盆にお茶の入った茶碗をのせて運んでいました。そして、不注意から、その茶碗をお盆からすべらせて落としてしまいました。そのときそばに立っていた人がそれをなじって、『ばか!』と言いました。すると、お茶を運んでいた人は、怒って『あなたがポカンとそんなところに突っ立っているから、お茶碗を落してしまったのよ!』と言いました」

このように、私たちは、怒りの感情をあらわすとき、わざと理屈に合わない言い方をするものです。人を罵ることばというのは、だいたい科学的ではありません。わざとウソを言って、相手に衝撃をあたえようとするものです。「ばか！　なす！　かぼちゃ！　おたんちん！」などと、人をつかまえて「なす」や「かぼちゃ」などの物体にしてしまうのは、あえて「ウソ」を言う罵りことばの典型的な例です。言霊信仰とは関係がないと思います。

「雨が降ればいい」の例にしても、右のような罵りのことばにしても、これは日本特有のものではなく、世界共通の感情表現です。英語でも、怒りを表現する罵りのことばには、You are…のあとに動物や、いろいろな物体をあらわす単語をもってきます。それは、わざと論理的ではないウソをついて、相手に衝撃を与えようとしているにすぎません。言霊を信仰しているからではありません。言霊とは関係のない話です。

◎ことばは現実とシンクロナイズする

言霊ということばは、高田明和氏の体験告白に歴然と表われているように、ことばの自己暗示力の凄さを連想させてくれます。そして、ことばの暗示力について、現代の日本人は認識不足であると、私は危惧しています。私たちはことばを乱用し、ことばの氾濫のなかで、ことばの大切さを見失っている傾向があります。正しく言霊を理解する人は、ことばの使用に慎重であり、ことばを大切にし、ことばをつかうにあたって「慎み」というものをもつはずです。

ことばに対する「慎みのなさ」は、出版物の過大な分量、インターネット上に氾濫することばの厖大《ぼうだい》な情報量に表われています。あまりにもことばによる情報が多いので、私たちはかえってことばに対する微妙な感受性を失っています。そして、いちばん大切な点は、あまりに過剰なことばの使用が、ことばのもつ力そのものを失わせているという事実です。

結論を言うと、言霊的な考え方を適用してはならない分野と、言霊的な考え方を適用すべき分野があると、私は言いたいのです。言霊的考え方を適用すべき分野とは、「自己暗示」の分野です。それ以外の分野では、言霊的発想を適用することには慎重でなければなりません。とくに自然現象について考えたり、政治や社会についての議論がおこなわれたりするときには注意が必要です。

柿本人麻呂のようなすぐれた歌人のことばに対する鋭敏な感受性を学び、ことばのもつ暗示の威力を再考しなければならないと思います。

「私はもうダメだ。やけくそだ」ということばを発したとき、元気は出るでしょうか。そのことばは現実とシンクロナイズし、いっそう気持ちが落ち込んでいくのではないでしょうか。

それほどことばは、打てば響くようにその人の気持ちを決定づけます。その反対に、「私はこんなことくらいに負けないぞ！ 私は強い！」と口に出して言えば、苦境をはねかえす力がわいてきます。これは私たちが経験的に知っている、科学的、心理学的な事実なんです。まさに、ことばを自己暗示に使うとき、ことばは現実とシンクロナイズするのです。

◎言霊を「心の内面」に限定すべし

「あることばを唱えると、そのことばの内容が実現する」という考え方そのものは正しいのです。けれども、あらゆる条件下で、というわけではありません。人の「心の内面」に領域を限定すれば、その考え方は正しいのです。

情報ということばの氾濫のなかで生活している私たちは、ことばのもつ魔力のような力について、正しい認識をしていないきらいがあります。実際、ことばの暗示力を生活に活かしている人は、きわめてすくないといえます。そうだからこそ、ミアーズ博士や高田明和博士のような人たちが啓蒙書を著し、私たちにことばの暗示力について教えてくれるわけです。

自分の発したことばそのものに強い暗示を受けてしまう、というのは科学的な事実です。さらに「真剣な気持ちで」暗示のことばを自分にむけて発した場合は、おどろくべき力が生まれるのです。

どんなスポーツでも、キャプテンがチームのメンバーに、

「明日の試合は絶対に勝てます。がんばりましょう！」と声をかければ、彼らは奮い立ち、実力を発揮します。客観的には相手チームのほうが強くて勝てそうもない状況であっても、キャプテンは「明日の試合に負けるかもしれない」とは絶対に言わないものです。キャプテンはせめて、「ベストを尽くして、悔いのない試合をしよう」と言うものです。

このように、私たちはことばのポジティブな暗示力を、社会のいろいろな場面で活用しています。この暗示力を、自分自身の心にも、自己暗示の方法として、応用しないのは、もったいないことです。

◎契沖《けいちゅう》がとらえたことばの暗示力

本書でいう言霊の概念は、高田明和博士のそれと同じで、いわば単純明快な「ことばのもつ暗示力」という枠組みからほとんど出ないものです。「ことばが暗示力をもっている」というのは、科学的で、心理学的な概念ですが、同時に万葉集の時代の人々の感じていた「言霊＝ことばの威力」と共通するものがあります。だからこそ、言霊という古い表現を、私たちは採用しているのです。

江戸時代には、言霊論がさかんになりました。その言霊論は、あの太平洋戦争の時代に復活して、偏狭な愛国主義や神道の考え方とむすびついて、きわめて神秘主義的で迷信的な言霊の概念を国民の意識にうえつけました。しかし私の「言霊」の概念は、それとはまるっきり縁のないものです。

古代の日本人たちは、人間のことばには、それ自身ある霊力をそなえていると感じていました。これが言霊という考え方のはじまりでした。そして、ことばが人の心理にあたえる力があまりにも大きいと感じたので、その力を引き伸ばして考えたところがあります。自然現象まで、ことばの表現のとおりに事実が実現すると信じたのです。「雨が降る」と言えば「ほんとうに雨が降る」のではないかと思いました。これはもちろん、非科学的な迷信です。

さて、江戸時代に契沖《けいちゅう》というすぐれた国学者が登場します。契沖はそれまでの「神がかり的な」古典研究をあらため、実証的、合理的、独創的な、国学の業績をのこした鬼才であります。若い頃は僧侶として高野山で仏教の修行し、阿闍梨《あじゃり》の位を得て、大阪の曼陀羅院というお寺の住持になりました。

しかし、契沖は仏教よりも日本の古典に興味をもち、古典研究をするうちに藤原定家の仮名遣いの誤りに気がついて、これを訂正します。そして、新しい仮名遣いを提唱しました。これがのちの歴史的仮名遣いの基となりました。

契沖は、言霊について、つぎのようなことばをのこしています。

「言有霊験、祝詛各従其所欲」

意味は、

「ことばには霊験《れいげん》がある。ことばをつかって祝えば、喜びきたり、のろえば憂いがおこる」

ということです。

契沖の言霊の概念は、やや宗教的ですが、ことばのもつ強い暗示力をとらえています。

◎江戸時代の言霊論は神秘主義におちいった

言霊は万葉の古代においては、原始的で素朴な信仰でしたが、契沖のあと、江戸時代に興った「国学」によって、さらに言語理論的なものに発展していきます。

そもそも江戸時代の「国学」というものは、『万葉集』、『源氏物語』などの古典の語法や字義が、時代をへて理解が困難になり、古典を読み解くために、古代の日本語を研究する必要から生まれたものでした。

その研究の過程で、日本語の五十音図そのものが整然たる秩序をもっていることに気づき、日本語への讃仰《さんごう》が高じて一種の偏狭な愛国の感情とむすびついていきます。五十音図のみごとな秩序に対して、「これは人為的なものにあらず、神が授けたものだ、これが言霊だ」という考え方がでてくるのです。

こうなると私たちが考えている「ことばの暗示力」などとは、関係のない方向へ関心が進んでいるということになります。

江戸時代の国学者たちは、五十音図にすべての根本があり、万物はここから発生するのだ、という神秘思想に傾いていきました。それは自国の言語への讃美をこえて、国語の神格化です。賀茂真淵《かものまぶち》、平田篤胤《あつたね》、本居宣長《もとおりのりなが》といった学者たちは、だいたいそういう考えをもっていたようです。彼らは、言霊といっても、言語のもつ暗示力についてはあまり考えなかったようです。

くりかえしになりますが、時枝誠記の言霊信仰の定義は、

「言霊の信仰とは、我々が発する言語には精霊があって、その霊のちからによってその表現の如くに事が実現すると信ずることである。『雨が降る』といへば、これを言ふことによって『雨降る』といふ事実が実現すると考へる」

ということでしたが、この時枝の定義は言霊信仰が非科学的、迷信的なものをふくむ可能性をもっていることを示唆し、言霊信仰に対して慎重さをうながすものだ、と私は思います。しかし時枝の国語学もまた、言語の自己暗示については無関心でした。

『万葉集』を読むと、言霊の力を信じていると思われる歌がいくつもあります。

人の健康や旅の安全を祈る歌などがそうです。そういう歌は迷信的とはいえない、ごく自然な人間の感情表現だと思われます。親しい人が遠国に旅立つとき、その安全を祈願する――これはあたりまえなことで、迷信とか信仰といって批判すべきものではないでしょう。

◎本居宣長の言霊論

江戸時代になって、国学者のあいだで、万葉時代の言霊思想が復活します。彼らの研究のなかで、古代から伝わる日本語の整然たる秩序や法則性が多くの国学者を感動させ、言語の発生そのものが霊的なものと感じられたのです。そこに彼らは言霊を見出すのですが、その言霊思想の内容が国粋主義の温床ともなりました。

江戸時代の国学者として有名な本居宣長は、師の賀茂真淵から学んだ日本語の五十音図の整然たる秩序は、神から授かったもので、神秘的で神聖なものとして尊崇しました。そして、日本語の音声は神がかりなものだから、それを言霊としたのです。

本居宣長の言霊思想は、国粋主義的な傾向をもち、後世において、明治時代以降に、ファナティックな皇国主義や偏狭な愛国主義とむすびついて、「日本は言霊をもつ神の国だ」という思想を生みだしました。このような考え方が太平洋戦争へ国民を無謀にかりたてる一因となった、という反省がいまの日本にはあります。

◎新約聖書の言語観

私は、日本語だけに言霊があるとは思いません。世界のすべての言語には、自己暗示力があり、したがってすべての言語が言霊をもつはずです。私は四十六年間の英語教師の経験から、英語にも日本語とおなじくすぐれた自己暗示の力があり、英語にも言霊のような考えがあると言っていいと思います。言霊に該当する英単語はありませんが、たとえば、新約聖書には、つぎのようなことばがあります。

初めにことばがあった。ことばは神とともにあった。ことばは神であった。すべてのものは、これによってできた。できたもののうち、一つとしてこれによらないものはなかった。このことばに命があった。そしてこの命は人の光であった。

（「ヨハネによる福音書」の冒頭第一章）

キリスト教では、その言語観において、ことばが神――つまり、「現象の背後にある実在の世界」――と「現世」をつなぐ霊的な力をもっていると信じられているのです。これは万葉時代の言霊思想に通じるものがあります。

聖書のこの一節の言わんとするところは、たとえば、私たちは「山」ということばをもつことで「山」という存在が感じられる、ということです。もし

「山」ということばがなければ、山は存在しないに等しいのです。「神」ということばがあればこそ、神の実在を信じられる、ということでもあります。ことばが人の心を決定的に支配する威力を、聖書も教えているのです。

日本語で「言霊」で表現するような概念は、私の知るかぎり、欧米の文化にはありませんし、中国語にも「言霊」という概念はありません。「言霊」と漢字表記しても、あくまでそれは日本語の「ことだま」に漢字を当てはめたにすぎません。

「言霊」は、日本人の繊細な感受性によって、日本文化の中に育まれたコンセプトです。ただし、英語でたとえばthe power of the wordと訳した場合、それが「ことばのもつ威力」だという理解は、欧米の人にも可能です。とくに、心理学の普及によって、ことばが自己暗示力をもっているという認識は、世界中にあります。

私たちが聞くことば、自分が発することばは、すべて人間の無意識に入って、人の心理に影響をあたえる、という事実はいまや世界の常識です。

◎万葉人に学ぼう

私は、万葉人のことばに対する素朴で敬虔《けいけん》な態度を学びたいと思います。万葉人は「自己暗示」というコンセプトをもたなかったかもしれませんが、ことばのもつ力に敏感でした。ことばが人の心を動かす力に対して畏れをいだき、ことばを大切に慎重に扱おうとしました。

万葉人は、筆墨によってことばを記録しましたが、現代のような本や活字のない時代に生きていました。彼らにとってことばの暗示となるものは、活字ではなく、もっぱら人の発することばでした。

和歌はすべて朗唱するもので、耳から音声として入ってくるものでした。現代のような「活字によって鑑賞する文学」というものはありませんでした。

自然の声——虫や鳥の声、獣の声、水の音、風の音——も、いろいろな暗示を人の心にあたえるものですが、人の発することばほど大きな暗示を与えるものはなかったはずです。人のことばは意味をもっているので、強い暗示力をあたえるのは当然です。

自分の唱える歌が自分の心に大きな影響を与えることに、万葉の人々は驚いたのです。また、他人がうたう歌も人々の幸福を決定的に左右することに、気づいたにちがいありません。万葉人はことばの暗示力を魔力のように感じたはずです。その魔力を万葉人は「言霊」と名づけました。ことばは、ひとたび口にすれば、限りなく現実化するという体験は、しだいに迷信的にもなり、呪術的になった事実も否定はできません。

ひとたびことばを発すれば、それがすでに現実化するかのような錯覚に対しては、注意が必要です。今日、街頭デモで「平和、平和！」と連呼しさえすれば、平和が実現したかのように錯覚してしまうのは愚かなことです。平和を現実化するためには、いろいろな現実的な諸策が必要です。

しかし、古代の人々がことばに対してもった敏感さを現代に復活させることは、大切なことです。なぜなら、ことばの自己暗示が、現代的不安に対抗できる、ひとつの大きな可能性をもっているからです。

◎現代に、ことばの自己暗示力をとりもどそう

ことばによる暗示の力を冷静に考察するとき、言霊を迷信としてただ退けるという態度はきわめて粗暴です。むしろ、古代人のほうが、私たちよりことばの威力を知っていたし、それを活用する知恵ももっていたことに、思いを馳せるべきです。現代は、皮肉なことに、ことばや活字の氾濫がことばの無力化という病弊、ひいてはことばへの不信という現象をひきおこしているのです。その結果、ことばの自己暗示力をあまり利用していません。

現代のコミュニケーション・システムの隆盛は、ことばを、現実との対応をもたない空虚な符号にしてしまう傾向があります。インターネットでは言語情報が氾濫して、まるでことばの塵芥の濁流のごとき観があります。

このような現代の趨勢《すうせい》に流されずに、ことばの自己暗示力をとりもどしたいものです。

※言霊に関しては、豊田国夫『日本人の言霊思想』（講談社学術文庫）を参考にしました。

第九章

自己暗示の唱詩［実例集］

この章では、すぐれた思想家、哲学者、宗教家の著作をもとにして私がつくった、唱詩をお示しします。

◎カントの著作より

カントについては、すでに第五章で「良心の声」と題する唱詩を紹介しましたが、この難解なドイツの哲学者の思想を理解するには、多くの解説書があり、たとえば小牧治の『カント』（清水書院）を読めば、カントの実践的な哲学がよくわかります。そのほか、つぎのようなカント哲学の解説書があります。
浜田義文『若きカントの思想形成』（勁草書房）
三渡幸雄『カント実践哲学の研究』（京都女子大学）
石川輝吉『カント 信じるための哲学』（日本放送出版協会）
とくに神の実在と霊魂の不滅についてのカントの論理は明快で、説得力のあるものです。その論理をたどっていくと、神の実在が納得できますし、霊魂の不滅についても信じることができます。

善と悪

道徳とは、人の心の奥に存在する良心の声である。
自分の良心の声に耳をかたむけて生きる生き方こそ
人間を人間たらしめる生き方である。
この生き方によって人は
神や永遠、
そして「霊魂の不滅」を確信できる。

この世では、善人がかならずしも報われることはない。
しばしば、悪人が跋扈《ばっこ》し、かならずしも罰せられていない。
しかし、人の心身が亡びても、生命は無限につづくものである。

神は実在し、人の霊魂は不滅だから、
いつかは、善は報われ、悪は罰せられる。

すべての人間の行為は
因果の法則によって、人の死後
かならず善行も悪行も応酬される。
神は実在し、
人の霊魂は不滅だからだ。

善の実行

私は自己中心的にならないよう努力しよう。
ひたすら善なるものを実行することを意志しよう。

しかし、幸福を追求しようとはすまい。
なぜなら、幸福の追求が徳を生むことはないからである。

幸福の追求にすべての人が邁進するならば、
この世の中は、まったく自己中心的な、
利己的な社会になってしまう可能性があるからだ。
だから、〈道徳的に生きれば、すぐに報われて
幸福になる〉と思うなかれ。

カントの著作は天風に大きな影響をあたえただけに、人生観を確立するうえで教えられるところが多いです。

◎中村天風の講演より

天風の講演はその一つひとつを要約すると、私たちの心を鼓舞してくれるような、自己暗示の唱詩ができます。あるいは、そのなかの自分の好きな言葉を抽出して、唱詩をつくるのもいいでしょう。かならずしも「詩」のかたちになっていなくとも、散文のままでもいいのです。

次のいくつかの唱詩は、私が天風の講演を聞いたときにメモしたものをもとにして、つくったものです。

永遠不滅の自己

肉体や心は
ほんとうの私ではない。
肉体や心は

私がこの現象世界に生きていくための道具的存在である。
ほんとうの私は
眼に見える肉体ではなく
肉体を超越したものだ。

ほんとうの私は
心ではなく
心を超越した実在である。

ほんとうの私は
実在である。
実在は、火にも水にも、否、なにものにも犯されることがなく、
絶対にして不朽不滅である。

無限の生命力

心の思考が人生を創る。
したがって、人間は思考によって、宇宙の無限のエネルギーを
受け入れることができる。
そして、人間は力の結晶となりうる。

この悟りこそ
人生の「幸福の宝庫」をひらく鍵である。

どんな悲惨な境涯《きょうがい》にあっても、人は元気をだすことができる。

宇宙の大生命

私はいま、宇宙の智慧の力とともにいる。
私は大自然の偉大な力に包まれている。
だから、私は生きている。

この世の中は
苦しいものでも悩ましいものでもない。
この世は本質的に
楽しい、嬉しい、そして調和した
美しい世界である。

この宇宙の本質は大自然のいのちだけである。
大自然は創造にいそしむ活動体である。

人間の背後には
人間の望むものを現実化しようと
大自然の偉大な力が待ち構えているのだ。

笑え、頬笑め、生きてるぞ、生きてるぞ！

天風先生は、自分の確固たる人生観によって
大船に乗っているような
頼もしい、物に動じない心で
その後半の人生を生きられた。

その人生観とは、一言でいえば、
「自己の生命に

できるかぎり大きな喜びを与える、
そのような時間を
できるかぎり多くもつ」
ということだった。

理屈や理論は二の次でよい。

喜びを感じたとき、人はほんとうに幸福になれる。

だから……

どんなことがあろうとも、

「笑え、頬笑め、生きてるぞ、生きてるぞ！」

と、たえず自分の心を、喜びに満たして生きていこう。


つぎの唱詩は、私自身が瞑想に入る前に、自分を鼓舞するために、自分のために書いた唱詩です。もちろん、天風の教えをもとにしたものです。

瞑想するまえの唱詩

瞑想によって私は霊的な境地に入る。
私は一心の境地から三昧の境地にはいる。

人間の本性は本来
宇宙の本体とひとつである。

霊的なものは、
この宇宙の中に
くまなく遍満存在している。
だから、心を空にすれば

その霊的なものといつでも結びつくのだ。

◎中村天風の誦句より

つぎに、天風の誦句から、とくに難解なものや時代にそぐわないものを、二つとりあげて、わかりやすい現代風の文にして、唱詩を作りました。

五感を研《みが》く

神は、私たち人間に、生まれながらに、きわめて優秀な認識力を与えている。しかし、その認識力が発揮できるかどうかは、もっぱら五感を研くかどうか、によるのである。

だから、私は大いに五感を研くことに努めよう。五感を研くためには、何事をするにも、そのことに注意を集中することである。人の心は、集中を欠くと、本来のすぐれた力が出ないものだ。

頼もしい人間力のある人は、ただ何事にも強い注意力で、見たり聞いたりする努力を重ねた人のことである。また、人間力のない人は、何事をするにも、いいかげんに見たり聞いたりする結果、雑念や妄念に苦しめられる人である。

だから、ほんとうに自己向上を願う人は、どんなことをする時も、注意を集中して、五感を研き、神に与えられた、本来の認識力を発揮すべきである。

（「心の鍛錬」より）

信念と自己暗示

私は、自分の心の奥深いところに、自己を驚くほど向上させる不思議な力のあることを自覚した。そして、その自己を啓発する力を活用するか否かで、人の価値が決定されることも理解した。

そして、私はいま、この事実を知って、自分の中に輝く尊い光を実感する。同時に、過去のいっさいの無価値より解脱して、格調高い人生へと、いままさに甦る感激と喜びに、心は炎と燃え立つ。

自己をつくるものは自己である。そして、自己を正しくつくるには、なによりも自分を正しく律することである。そして、自己を正しく律しようと思うならば、ひたすら自己暗示のことばを、くりかえし唱え、その観念をつねに自分の中に確保すべきである。

だから、今日からはいかなるときにも、自己暗示のことばで、ポジティブにものを考えることに努力しよう。

（「信念と奇跡」より）

◎ふたたび、高田明和『禅の名言』より

前に高田明和氏の『禅の名言』（双葉文庫）は、唱詩をつくるもととなる宝庫だと述べました。そこで、その例として、さらにいくつか私のつくった唱詩を披露します。第一章から、次の二つです。

心配はしない

心配《くば》りはいくらしてもよい。

しかし、心を苦しめるような心配はすまい。
なぜなら、
私たちの本当の心は、太陽のように輝いているが、心配すると、妄想の暗雲に
おおわれて、
本当の心が曇ってしまうからだ。

考えてもいいが、悩まないようにしよう。
悩みで心を傷つけないようにしよう。
そうすれば、心身ともに健《すこ》やかに生きられるのだ。

私はものを思わない

「念起こる、これ病なり。

継がざる、これ薬なり」（古い禅語）

私はもういやなことは思いださない。
私はものを思わない。

優れた人は、ふだん何も考えていなくても、事あれば必要な考えが浮かぶ。
また、事が終われば、いつでも忘れる。

私も過去にとらわれず、生きていこう。
忘れることが上手になるように、
私は正しい瞑想を実践しよう。

竹林に風がきて、ざわざわと鳴る。
しかし、風がすぎると、竹林はシーンと静かだ。

雁がきて、池の面《おも》に映る。
しかし、雁が飛び去ると、池の面はなにもない。

つぎに、『禅の名言』の第二章から、つぎの二つの唱詩をつくりました。

道

ゆくべき道は考えてもわからないものだ。
あれこれ考えず、
ただ自分の本心が導くままに、
歩んでいけば、そこに道ができる。

いまやっていること——
それに専念しよう。

いまやるべきことを
ひたすら心をこめて、やろう。
それが平常心を養ってくれる。
そこに道ができる。

今日一日

昨日《きのう》もない。
明日《あす》もない。
今日という一日があるだけだ。

先を見ず、
後ろも見ないで、

ただ、足もとを見て足を運ぼう。
人生はこの一日、と覚悟しよう。
そうすれば、心身ともに健やかになる。

あとがき

拙著『中村天風から教わった やさしい瞑想法』（プレジデント社、二〇一一年）が出版されたあと、講演や講習会で、読者の方々から読後の感想を聞く機会がたくさんありました。そのなかでもっとも多かった声が「瞑想はやさしくない」というものでした。そのことがきっかけで、瞑想とならんで中村天風の実践方法として重要な「言葉による自己暗示」について書かねば、と思うようになりました。なぜなら、「言葉による自己暗示」は瞑想よりはるかにやさしく、すぐに効果が感得できることを経験上知っていたからです。

瞑想は天風の提案する、心を強くし、幸せに生きるためのすべての実践方法のなかでも、もっとも枢要な部分、いわば心柱です。あるいは、さいごに到達すべき最終的なゴールです。しかし、瞑想がよくわからない方であっても、まず「ことばの自己暗示」をやってみることをおすすめします。

瞑想法の本を出版してから、多くの人から瞑想の直接指導をお願いしたいと言われたとき、私は、

「瞑想については、すべて詳しくあの本に書きましたので、あれ以上つけ加えることはないのです」

と答えたものです。しかし、さらに何人かの方から、

「でも……瞑想に確信がもてないのです。ちょっとの時間でいいですから、私の瞑想のやり方をみていただいて、私がまちがっていないか、確認したいのですが」

という真摯な要望を聞いて、私は考え直し、大阪で友人と塾を開いたあと、自分が主宰する「天風塾」というものを設立し、瞑想の指導を行うようになりました。二〇一二年の五月のことでした。この塾は、個別指導や少人数のクラスに力を入れています。

瞑想をめぐって世間には、実に思いがけない多くの疑問や誤解、固定観念があります。その上、人によって、いままでの経験、知識、問題意識がちがいま

す。瞑想について一人ひとり考えがちがうのです。また、いままでの読書体験も異なるため、その知識の分野や量も人によってまちまちです。また、抱えている問題や人生上の悩みもちがいます。しかし、「言葉による自己暗示」では、それらの個人差は調整することが容易です。

瞑想の個別指導を通じて、気づかされたのは、瞑想の効果はかならずしもすぐにはわからず、ほんとうに瞑想のありがたさ、価値がわかるのに、何年もかかる人もいるということです。すぐに瞑想の効果を感得できる人もいますが、それは稀です。

それに比べると「言葉をつかう自己暗示」は、はるかに短期間でその成果を感じることができます。瞑想よりも「言葉をつかう自己暗示」の方が、実行しやすく効果も早くあらわれます。それがこの本を私が書かずにおれなかった一番の理由です。

ある塾生は、言葉による自己暗示法を学んだとき、こんな感想をもらしました。

「この自己暗示って、未来のお経のようなものですね」

これは、私もひそかに思いながら、あまり前面にはださないでいた考え方でした。

ただ、言葉の自己暗示が、お経と決定的にちがうのは、それぞれの人が固有の言葉を使えるということ。そしてもうひとつは、お経のように、なにかの教えを受け入れるというよりは、自分で自分を鼓舞する言葉だということです。

ところで、天風が著わした『天風誦句集』というものがありますが、これは一般に考えられているような「天風の教え」を集成したものではありません。天風自身が自分の心を励ますために書いたものです。

天風は、ネパールで悟りを開いて帰国したといわれますが、大悟徹底した指導者と仰がれていた時期でも、いくどか自分の心のなかに「迷い」を感じたと述懐しております。そのとき、自分の誦句のポジティブな観念を心のなかにぶちこんで、信念を強くしたそうです。

また、天風は自分の誦句集を絶対視しておりませんでした。ほかにもよい暗示の言葉があると考えていました。

天風の誦句のなかには、難解で古風な言い回しが多々ありますが、わかりやすく現代風に書き直したりしても、なんら問題はありません。

本書において、私はしばしば「言葉による自己暗示」という表現を使っております。それは、ほかにもいろいろな自己暗示の方法があるからです。その代表的なものは「鏡を使う自己暗示」です。これについては、私の主宰する「天風塾」でかならず教えております。

この度の出版に関しては「紙ヒコーキ舎」の藤代勇人さん、「水王舎」の瀬戸起彦さんから貴重な助言をいただきました。末筆ながら、心よりお礼申し上げます。

二〇一七年二月八日　京都上賀茂にて

沢井淳弘

中村天風の誦句についてのお断り

本書ではいくつか中村天風の誦句を紹介しています。本書で天風の誦句を引用するとき、私自身の表記のしかたで引用しています。それらは、わたしが直接天風から学んだもので、音声として私の「記憶の宝庫」にあるものなのです。

はじめて天風から誦句を学んだとき、「先生の声を聞いて記憶しなさい」と言われ、その場でメモすることも許されませんでした。誦句を耳で聞いて覚えて帰る、というやり方です。もちろん、そのあとすぐに誦句をメモし、わからないところは先輩に教えてもらいました。そして、翌日のテストで、まちがえずに誦句を唱えると、「よし、よくできたね！」と先生から褒められたものです。

その後、天風の誦句をまとめた『天風誦句集』（財団法人天風会）が出版されていますが、本書に天風の誦句を引用するに際して、同書からの引用とはしませんでした。私の記憶にある、私のメモ帳に書かれた誦句とは、表記のしかたが異なっていたからです。『天風誦句集』を否定するわけではありません。天風の誦句をこれから学びたい人は、『天風誦句集』を購入されることをお勧めします。

ただ、私にとっての天風の誦句は、私の好みにしたがって表記したいので、本書では、私のメモ帳の中から誦句を引用した次第です。ご了解願います。

著　者

●著者プロフィール

沢井淳弘（さわい・あつひろ）

1939（昭和14）年、大阪に生まれる。京都大学英文科卒。京都産業大学名誉教授。京都市在住。

18歳のとき、心と身体の真の健康を確立する方法として「心身統一法」を創案した中村天風（1876－1968）の講話を初めて聴く機会に恵まれ、それがきっかけで人生が変わり始める。以後、12年間にわたって薫陶を受ける。

中村天風亡き後も、瞑想やことばの自己暗示法の実践と研究を続け現在に至る。本人曰く「ことばの自己暗示は、私にとっては、魔法のようなものです。だから、私はだれにも負けないほど熱心に自己暗示を実践したいと、心に誓っております」。

主な著書に『やさしい瞑想法～中村天風直伝の“人生を自在に生きる知恵”』（小学館文庫プレジデントセレクト）、編著書として『心を空にする～中村天風「心身統一法」の真髄』（財団法人天風会監修、飛鳥新社）、訳書として『レトキ詩集』（国文社）などがある。

この書籍は2012年10月にプレジデント社から刊行された
『すべてがよくなる――わが師中村天風から教わったことばの自己暗示力』を改題、加筆、再編集したものです。

折れない心をつくる 自己暗示力

2017年3月25日 第一刷発行

著者 沢井淳弘
発行人 出口汪
発行所 株式会社 水王舎
東京都新宿区西新宿6-15-1
ラ・トゥール新宿511 〒160-0023
電話 03-5909-8920

印刷 厚徳社
カバー印刷 歩プロセス
製本 ナショナル製本
ブックデザイン 福田和雄(FUKUDA DESIGN)
編集協力 藤代勇人(紙ヒコーキ舎)
編集統括 瀬戸起彦(水王舎)

 ISBN 978-4-86470-074-0

既刊好評発売中！

「ゆるす」という禅の生き方

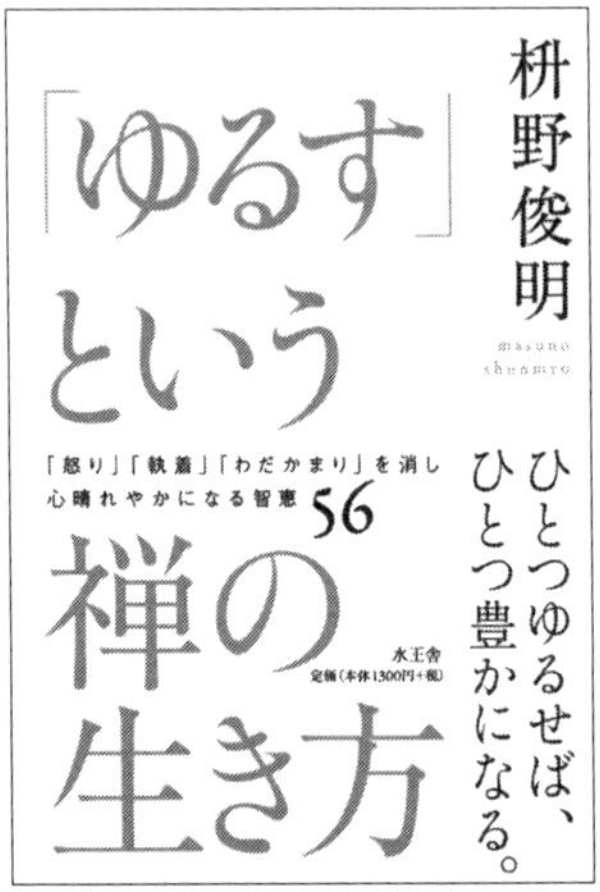

枡野俊明・著

ひとつゆるせば、ひとつ豊かになる。

いつから私たちは、
他人をゆるせなくなったのでしょう？

どうして「ゆるせない！」という感情が生まれてくるのでしょうか？
また、禅では、「ゆるせない」感情をどう捉え、どう対処していくべきものと教えているのでしょうか？　本書を読めば、数年来消えない悪感情から、毎日感じるイライラの気持ちまでがスッと消えていくことでしょう。また、あなたの器が広がり、豊かで幸せな人生を送るヒントもたくさん得られることでしょう。

定価（本体1300円＋税）ISBN978-4-86470-025-2